Steiner, Agility

W0076496

Astrid Steiner

AGILITY
Der neue Hundesport

– Aufbau der Ausbildung
– Die Hindernisse
– Das Training
– Die Bewertung

Mit Auszügen aus dem FCI-Agility-Reglement

Müller Rüschlikon Verlags AG
Cham · Stuttgart
Wien

Herausgeber: Urs Ochsenbein

**Fotos: Urs Ochsenbein
und teilweise Astrid Steiner
Zeichnungen: Ruedy Steiner**

**Gewidmet den Hunden:
Ardi, Hondo, Gin und Carla**

Wir schenken unseren Hunden ein klein wenig Liebe und Zeit. Dafür geben sie uns restlos alles, was sie zu bieten haben. Es ist zweifellos das beste Geschäft, das der Mensch je gemacht hat.

Roger Caras

Copyright © by Müller Rüschlikon Verlags AG, Cham, 1992. – Nachdruck, auch einzelner Teile, verboten. Alle Nebenrechte vom Verlag vorbehalten, insbesondere die Filmrechte, das Abdrucksrecht für Zeitung und Zeitschriften, das Recht zur Gestaltung und Verbreitung von gekürzten Ausgaben und Lizenzausgaben, Hörspielen, Funk- und Fernsehsendungen sowie das Recht zur foto- und klangmechanischen Wiedergabe durch jedes bekannte, aber auch durch heute noch unbekannte Verfahren.

ISBN 3-275-01036-0. – 1/5-92.
Printed in Germany.

Inhaltsverzeichnis:

Einführung

Mit diesem Buch stellen wir Methoden vor und geben Anhaltspunkte zum Erlernen des Agilitysportes. Es sind dies Methoden, die sich im Schulungszentrum für Agility von Salouf (CH-GR) bewährt haben. Dabei werden hier nach Möglichkeit die Reglemente und Vorschriften des internationalen Dachverbandes, der Fédération Cynologique Internationale (FCI) berücksichtigt.

Wie bei jeder Sparte des Hundesports, kommt es auch bei der Ausbildung von Agility auf viele Faktoren an, die es zu berücksichtigen gilt. Die dabei zur Anwendung gelangenden Methoden müssen somit flexibel genug sein, um verschiedenen Anforderungen zu genügen. Denn nicht jeder Hund reagiert gleich, und dasselbe gilt auch für die Hundebesitzer. Wer als Ausbilder in Agility tätig ist, muß kreativ sein und über ein fundiertes kynologisches Wissen verfügen. Dazu gehört die Erziehung und die grundlegende Ausbildung von Junghunden. Ohne Geduld und Einfühlungsvermögen in das hundliche wie das menschliche Verhalten geht es nicht.

Im vorliegenden Buch gehen wir davon aus, daß sich die an Agility interessierten Besitzer(innen) bereits mit der Grunderziehung ihres Hundes befaßt haben. Das heißt, daß der Hund gut gehorcht und sicher abzurufen ist. Damit ist auch jene Beziehung zwischen dem Hund und den Besitzern gegeben, welche das Tier belastbar für die sportliche Ausbildung macht.

Für die Erziehung und Grundausbildung von Hunden gibt es im deutschen Sprachbereich genügend Literatur. Wir beschränken uns hier auf die Bücher von Urs Ochsenbein, das »ABC für Hundebesitzer« und »Der neue Weg der Hundeausbildung«, welche den Leser umfassend und nachvollziehbar orientieren. Bezugsquellen finden sich im Anhang.

Daß dieses Agilitybuch überhaupt entstehen konnte, verdanke ich der Unterstützung der Herren Damian Henzi der Firma Effems AG, Zug, Herrn Rolf Kleinschnittger des Müller-Verlags Rüschlikon, Cham und meines Ehegatten, Ruedy Steiner, der dieser Arbeit viel Verständnis entgegenbrachte und mich unterstützte. Ohne die Motivation dieser Herren und von Herrn Urs Ochsenbein hätte ich wohl nie den Mut gefunden zu dieser umfangreichen Arbeit. Auch habe ich unseren vielen Kursteilnehmern des Schulungszentrums in Salouf zu danken, die uns dort immer wieder neu fordern und uns in unsere Aufgabe hineinwachsen lassen. Ein besonders großes »Merci« geht an den Agilityspezialisten und -Trainer Georges Vurpillot aus Frankreich, mit dem wir seit längerer Zeit erfolgreich zusammenarbeiten und der mich auch hier mit Rat und Tat unterstützte. Ich möchte es auch nicht unterlassen, unseren Freunden, vorab Germaine und Bruno Stocker, herzlich zu danken für viele gute Ratschläge, und dem Pionier für die Ausbildung von Blindenführhunden Walter Rupp und seiner Gattin, die mir in ihrem Heim im Elsaß die nötige Ruhe vermittelten, damit dieses Buch innert so kurzer Zeit erarbeitet werden konnte.

Astrid Steiner

Der Werdegang von Agility

Es begann in England im Jahr vor der Crufts 1978, als man im Organisationskomitee darüber diskutierte, ob dem Publikum nicht etwas Neues, Attraktives im Animationsprogramm angeboten werden könne. Die Aufgabe, sich etwas einfallen zu lassen, wurde John Varley als reitsportbegeistertes Komiteemitglied übertragen. Er hatte die Idee, eine Anlage herzurichten, wo die Hunde analog dem Pferdespringsport einen Parcours zu absolvieren hätten. Mit Peter Meanwell, einem bekannten, englischen Hundeausbilder, entwarf er hundegerechte Hindernisse, worauf einige Hunde trainiert wurden. So konnte Agility damals zum ersten Mal dem Publikum vorgestellt werden und wurde auf Anhieb erfolgreich. Da die Schutzdienstarbeiten in England nur den Diensthunden vorbehalten sind, wurde Agility, auch wenn es damals noch nicht anspruchsvoll war, sofort als neue Disziplin des Hundesports angenommen. Agility-Klubs schossen bald schon wie Pilze aus dem Boden. Die Folge davon war ein unüberblickbares Durcheinander, und es wurde dringend notwendig, Ordnung zu schaffen. Vom offiziellen Kennel-Club wurde Peter Lewis mit dieser Aufgabe betraut, und zusammen mit John Gilbert und weiteren Mitarbeitern wurde der englische Agility-Club gegründet. Es wurden Reglemente erstellt, Trainer, Richter und Helfer ausgebildet. Heute werden in England Agility-Prüfungen mit mehreren hundert Teilnehmern und oft sogar über mehrere Tage durchgeführt. Für eine solche Veranstaltung entstehen kurzfristig ganze Zelt- und Wohnwagenstädte. Ein für unsere Verhältnisse unvorstellbares Unterfangen. Die Parcours wurden technischer gebaut, und die als äußerst tierliebend geltenden Engländer begannen bald auch noch lustige Spiele zu erfinden. Während die kleinen Hunde anfänglich noch die Sprünge in voller Höhe zu absolvieren hatten, begann man für sie eine eigene Klasse einzurichten, die mit Mini-Agility bezeichnet wurde.

Die Entwicklung von Agility scheint noch nicht beendet, der Erfindergeist der Menschen wird dies wohl auch nie ganz zulassen. Doch dabei gilt es wachsam zu sein, damit dieser so attraktive Sport im Interesse der Hunde und ihrer physischen und psychischen Gesundheit nicht ausartet.

Agility auf dem europäischen Festland und im deutschsprachigen Raum

Im Deutschen Hundesport-Verband = DHV (Unterverband des VDH = Verband für das Deutsche Hundewesen) ist eine ähnliche Art des Agility-Sportes seit 1977 unter der Bezeichnung »Turniersport« reglementarisch verankert, nachdem diese Arbeit seit 1971 vor allem im Süden Deutschlands von Hundesportvereinen mit viel Erfolg praktiziert wurde. Agility wurde in Deutschland aber trotzdem zusätzlich angenommen und wird nach dem FCI-Agility-Reglement gearbeitet. In einem Anhang wurden separarte Regelungen für die Mischlingshunde getroffen, so daß auf nationaler Ebene gleichberechtigt mit den mit Ahnentafeln versehenen Hunden gearbeitet werden kann.

In der Schweiz war es die Interessengemeinschaft Basel und Umgebung die als erste 1982 anläßlich einer Internationalen Hundeausstellung (IHA) den Vorläufer von Agility, nämlich die Dressurmeisterschaft (eine Kombination aus Obedience und Agility) in das Rahmenprogramm aufnahmen. Auf die Idee, diese Arbeit vorzustellen, kamen die Verantwortlichen der IHA, als sie beim Besuch der Crufts (eine der größten Hundeausstellungen der Welt, die damals noch in London stattfand, seit 1991 jedoch in Birmingham) diese neue Art von Hundesport kennenlernten. Allerdings steckte »Agility« dazumal noch absolut in den Kinderschuhen. Einige Hindernisse, im Kreis der Arena aufgestellt, bildeten den Parcours. Der Hundeführer stand mehr oder weniger in der Mitte und dirigierte von dort aus seinen Hund.

Als Rahmenprogramm fand diese neue Hundesportart anläßlich der IHA in Basel Anklang, sowohl bei den Hunden, als auch bei den Hundeführern, am meisten aber eigentlich bei den Zuschauern. Um jedoch vom allgemeinen Hundesport akzeptiert zu werden, wurde die Arbeit damals für unsere Verhältnisse als zu wenig anspruchsvoll eingestuft und integrierte sich vorläufig nur als Animationsprogramm. Mehr Beachtung schenkte man diesem neuen Hundesport bei uns noch nicht.

Dies sollte sich erst 1988 ändern, nachdem die erste inoffizielle Agility-Europameisterschaft an der IHA in Genf durchgeführt wurde. Diese Prüfung wurde vom Engländer Peter Lewis gerichtet. Gewinner dieses ersten schweizerischen Agility-Wettbewerbes war der damals erst 13jährige Jan Roysschart aus Belgien mit seinem 3 Jahre alten Rüden Ringo. Das Schweizer Hundmagazin (damals noch unter dem Namen Hunde-Revue) berichtete über diesen Anlaß und engagierte sich als erste deutschsprachige Hundezeitschrift weiterhin für die Verbreitung von Agility in der Schweiz. Zusammen mit dem Hersteller des Hundefutters PEDIGREE PAL unterstützte man in der Folge das Schulungszentrum für Agility in Salouf in Graubünden, welches Agility bereits

1989 mit großem Erfolg in das Angebot von »Aktivferien mit dem Hund« ins Programm aufnahm.

Eigentlicher Promotor von Agility auf dem europäischen Festland war aber Frankreich, welches den erzieherischen Wert dieses neuen Hundesports bald erkannte und sich dafür engagierte. Noch 1988 erarbeitete die Société Centrale Canine unter Jean-Paul Petitdidier ein Agility-Reglement, welches bereits 1990 von der Fédération Cynologique Internationale (FCI) unterzeichnet und ab Januar 1991 für alle dieser Organisation angeschlossenen Länder rechtsgültig wurde. Jean-Paul Petitdidier wurde als erster FCI-Agility-Präsident nominiert, nachdem er in Frankreich mit seinen Mitarbeitern innerhalb kürzester Zeit landesweit Agility auf die Beine stellte.

Während Frankreich innerhalb nur eines Jahres eine Top-Organisation für Agility aus dem Boden stampfte, tat sich die Schweiz mit der Erarbeitung eigener Reglemente schwer. Allerdings ist jetzt auch die Schweiz scheinbar mehr und mehr im Begriff, das FCI-Agility-Reglement zu akzeptieren oder gar zu übernehmen. In Deutschland und Österreich sowie in vielen anderen Ländern hat man sich sofort angepaßt, und so können schon seit einer geraumen Weile grenzüberschreitend Agility-Prüfungen absolviert und Richter ausgetauscht werden. Mit den Engländern werden wir aus Quarantänegründen wohl vorläufig nicht konkurrieren können. Die englische Insel kann sich rühmen, keinerlei Tollwut zu haben, und so gesehen ist diese Entscheidung zwar schade, aber doch verständlich. Damit die Engländer an größeren internationalen Veranstaltungen trotzdem Startmöglichkeiten haben, offerierte ihnen Frankreich schon verschiedentlich ihre eigenen Hunde. Das Training beginnen die englischen Agility-Spezialisten und -Spezialistinnen 1 oder 2 Tage vorher mit diesen ihnen fremden, aber agilitygewohnten Hunden. Erste Plätze können keine erwartet werden, jedoch beachtliche Resultate werden jeweils erzielt. Eine sehr sympathische Geste der Franzosen.

Die ersten Agility-Richter wurden in England unter Peter Lewis und seinen Leuten ausgebildet, mittlerweile ist jedes Land imstande, seine Richter nach dem in der FCI geltenden Reglement auszubilden.

In dieser relativ kurzen Zeit mauserte sich Agility zu einer für Mensch und Hund akzeptablen Disziplin des Hundesports, und mittlerweile ist es auch dem letzten Hundesportler (auch aus den Schutzdienstdisziplinen) bewußt geworden, daß ein Agilityhund führig und gehorsam sein muß, um zu bestehen. Zusammenfassend, daß also auch ein Agilityhund gute Grundlagen haben muß.

Mittlerweile hat sich Agility nicht nur auf dem europäischen Festland etabliert, sondern sich auch weltweit schlagartig ausgebreitet.

Teil I

Der Hund und Agility

Allgemeines

Nicht alle Hunde eignen sich gleichermassen für Agility. Sie sollten nicht zu groß und auch nicht zu klein sein, sagte man uns einmal. Doch hin und wieder bestehen diese Hundebesitzer trotzdem darauf und wollen auch mitmachen. Hängt man die Früchte nicht zu hoch und geht man auf die jeweiligen Fähigkeiten der Hunde ein, so ist zu sagen, daß wir bis jetzt bei uns auch mit diesen Hunden nur gute Erfahrungen gemacht haben. Extrem große Hunde lassen wir z. B. nicht über die Kontaktzonenhindernisse, da sie vom Besitzer und Trainer nur ungenügend festgehalten werden können. Für ganz kleine Hunde haben wir bei uns die offiziell reglementierten Kontaktzonenhindernisse um rund 1/3 redimensioniert, um sie nicht zu überfordern, und die Sprunglatten können bereits bei 10 cm aufgelegt werden. Sind keine solchen speziellen Kontaktzonenhindernisse vorhanden, sollte für die ganz kleinen Hunde, wie z. B. Silky Terriers, Cairn Terriers, Norfolk Terriers, Dackel, Shih-Tzu oder Chihuahua und wie sie sonst noch alle heißen, zumindest die Schrägwand heruntergestellt werden können, damit der Neigungswinkel nicht zu extrem wird und somit die Wand nicht so steil ist, damit die kleinen Hunde nicht überfordert werden. Wir stellten fest, daß das Interesse der Kleinhundebesitzer für Agility durchaus vorhanden ist, nur wünscht man sich auch für diese Hunde optimale Bedingungen.

Sprünge in angemessener Höhe können von jedem gesunden Hund absolviert werden; Voraussetzung ist ein vernünftiger Meister und auch Trainer. Eines unserer wohl lustigsten Erlebnisse bei großen Hunden war eine Deutsche Dogge, die sich als liebstes Hindernis ausgerechnet den Sacktunnel aussuchte.

Wir können immer wieder beobachten, wie sich kleine Hunde in einer Hundegruppe völlig normal verhalten, aber aus Erfahrung wissen wir auch, wie oft auf Spaziergängen kleine Hunde ihre großen Artgenossen anbellen und es deswegen zu Konfrontationen kommen kann. Viele Hundebesitzer von kleinen Hunden meiden oft aus eigener Unsicherheit große Hunde, und so wird kleinen Hunden die Konfrontation mit großen Hunden vorenthalten. Da mit diesem Verhalten die Angewöhnung an die großen Artgenossen nicht gegeben wird, befindet man sich als Besitzer eines kleinen Hundes bald einmal in einem Teufelskreis. Gerade bei Agility besteht nun eine wunderbare Gelegenheit, Hunde der verschiedensten Größen spielerisch aneinander zu gewöhnen und eine evtl. unberechtigte Angst im Umgang miteinander abzubauen. Eine bunte Mischung von Hunden aller Rassen und Größen und auch Mischlinge bevölkern jeweils unsere Trainingsplätze. Kaum eine Rasse, die nicht schon bei uns war, sogar der in der Schweiz praktisch unbekannte Karelische Bärenhund war mit großem Eifer bei der Agilityarbeit dabei.

Obwohl sich die Hunde vorher nicht kennen, hatten wir bisher, außer kleineren Rempeleien noch keine nennenswerten Vorkommnisse. In kleineren Gruppen lassen wir die Hunde schon ganz zu Beginn frei spielen, dabei achten wir darauf, daß sich die Besitzer immer in Bewegung befinden und, daß sie jederzeit ihre Hunde abrufen können. Sind einzelne Hunde dabei, die sich nicht »riechen« können (das merkt man ja bald einmal), so erwarten wir von den Besitzern, daß sie einander möglichst nicht direkt in die Quere kommen. Unsere Erfahrungen zeigen, daß sich »unsere« Hunde schon am zweiten Tag als fast verschworene Gesellschaft vorkommen. Wehe – wenn etwa ein Dorfhund sich zu ihnen gesellen möchte, dieser wird bald merken, daß er hier nicht willkommen ist.

Agility ist ein Sport für alle. Auch Kinder oder Leute der dritten Lebensphase sollen Agility arbeiten können und Freude daran haben. Es sollte ihnen die Möglichkeit gegeben werden, sich ihrem Leistungsvermögen entsprechend mit ihresgleichen messen zu können...

Welche Hunde eignen sich für Agility?

Vom aktiven und leistungsbezogenen Agilitysportler wird in erster Linie der Border Collie bevorzugt. Auch Belgische und Deutsche Schäfer sowie Boxer, Bearded Collies und diverse Retriever-Arten sowie Mischlinge sind für diese Arbeit sehr beliebt. Es ist nicht nur bei Agility, sondern auch in den anderen Hundesportarten so, daß man sich nur einen Hund aussuchen sollte, der in den Charaktereigenschaften zu einem paßt. Der Border Collie gilt als einer der schnellsten und aufgewecktesten Hunde überhaupt. Ist diese Rasse nun z.B. im Besitz eines Meisters, der seinem Temperament nicht genügend nachkommt und auch seine geistige Regsamkeit nicht befriedigen kann, so gibt es mit der Zeit Probleme. Gemächlichere Hunderassen wie der Deutsche Schäferhund etwa, sind zwar langsamer, aber weil bedächtiger, verhaspeln sie sich weniger. Und wenn sie sich noch in der vom Agility-Richter vernünftig festgelegten Parcours-Standardzeit (PSZ) befinden, haben sie durchwegs gute Chancen für vordere Plätze. Ich finde es schade, daß z.B. in England mehr und mehr Border Collies für Agility eingesetzt werden. Die Agilitykonkurrenzen werden damit nicht nur langweilig, sondern es muß auch davor gewarnt werden, daß damit ein ungesunder Ehrgeiz im Agilitysport auf Kosten der Hunde Einzug halten könnte. Es ist nicht die Geschwindigkeit, die in erster Linie zum Sieg führen sollte, sondern eine schöne, freudige und saubere Arbeit. Mit einem solchen Trend wird nämlich nicht nur bis zu einem gewissen Grad dem Charakter der einzelnen Rassen geschadet, weil man sich züchterisch anpassen wird und die eigentlichen Fähigkeiten der Hunde – z. B. das Schafetreiben – vernachlässigen könnte. Ich habe mir sagen lassen, daß Frankreich verlangt, daß ein Border Collie, bevor er eine Agilityprüfung absolvieren darf, zuerst eine Prüfung in Schafetreiben abgelegt haben muß. Eine eigentlich überlegenswerte Bestimmung.

Es ist nicht der richtige Weg, gute Agilityhunde zu paaren, um noch bessere Agilityhunde zu bekommen, damit könnten nämlich wertvolle Eigenschaften von Rassen unwiderbringlich verloren gehen.

Die Minis sind leider bei uns in der Schweiz im allgemeinen noch nicht stark vertreten. So hat z. B. 1991 in der Schweiz ein einziges Team praktisch alle Siege an Prüfungen für sich eingeheimst und seine drei bis vier Konkurrenten in den Schatten gestellt. Es gibt bei den Minis (Widerristhöhe unter 40 cm) viele Rassen, die sich eignen würden, nur scheinen die Besitzer von kleinen Hunden von Agility noch nichts zu wissen, oder sie haben leider dafür noch kein Feuer gefangen.

Ein Agilityhund hat in erster Linie gesund zu sein. Er soll Spieltrieb haben und motivierbar sein. Auch der Hundebesitzer muß seinen Anteil erbringen. Es ist wichtig, daß der Hund vor der Arbeit mit einem Spiel aufgemuntert wird und der Hundebesitzer so in die Beziehung mit seinem Hund eintreten kann.

Wir lernen dem künftigen Agilityhund seine Arbeit mehrheitlich ohne Druck, indem wir uns spielerisch bei ihm durchsetzen. Mußten wir trotzdem einmal »Druck« anwenden, so müssen wir darauf achten, daß der Hund mit seinem Lieblingsspielzeug und unserer Motivation sofort wieder »gelockert« wird. Hat er einmal mit einem Hindernis trotz aller Vorsicht ein schlechtes Erlebnis, bedauern wir ihn nicht, wir fahren mit der Arbeit fort, als sei nichts geschehen und lassen ihn die Negativerfahrung im Spiel sofort wieder vergessen. Beim nächsten Mal wird der Hund mit der Spielmethode überlistet, und er wird bald einmal Zutrauen zu uns haben und das tun, was wir von ihm verlangen.

Geeignetes Spielzeug und wie damit zu spielen ist?

Beliebt sind alle Spielzeuge, denen der Hund nachspringen kann und die er uns wieder bringen darf. Die er tragen kann und daran zerren darf, wie z. B. Schnur- und Schleuderbälle (der Größe des Hundes angepaßt natürlich). Kordeln, Gummiringe, Beißwürste oder ein in einem alten Socken eingewickelter Tennisball werden auch stets geschätzt. Der Sinn des Spieles soll sein, daß wir den Spieltrieb des Hundes für die Arbeit ausnützen, eben daß wir den Hund im Spiel anregen und ihn damit »aufstellen«. Ein Hund, der seine Arbeit im Spiel gelernt hat (und das ist nicht nur bei Agility so), wird immer freudig arbeiten, wenn wir diese Methode auch später immer wieder anwenden. Der Hund ist eines der verspieltesten Tiere überhaupt, und fast alle Hunde spielen auch noch, wenn sie ausgewachsen oder gar alt sind.

Wir beginnen mit dem Spiel schon beim Welpen, sofern er schon bei uns ist. Wir setzen uns zu ihm auf den Boden, ziehen und rollen verschiedene Spielzeuge und wecken in ihm so das Interesse am Spiel. Verbeißt er sich in ein Spielzeug, so können wir ihm bereits, schon als kleines Welpli »das Aus« beibringen, indem wir ihm das »Schnürrli« öffnen und das Spielzeug herausnehmen. Wir selbst lassen uns nie vom »Hündli« beißen. Wir werden schon bald einmal erkennen, welches Spielzeug als Lieblingsspielzeug erkoren wurde. Das Arbeitsspielzeug lassen wir ihm nun aber nicht nach Belieben, sondern wir setzen es gezielt nur zur Arbeit ein.

Beim Spielen unterscheiden wir das kontrollierte und das unkontrollierte Spiel. Wir üben dabei auch den Augenkontakt:

– Das kontrollierte Spiel geschieht in unserer Reichweite, auch etwa an der Leine. Wir selbst bestimmen das Spiel. Wir geben dem Hund das Spielzeug, er darf daran ziehen, hineinbeißen, muß aber loslassen, wenn wir das von ihm verlangen. Damit können wir den Hund trieblich motivieren.
– Das unkontrollierte Spiel geschieht in Distanz. Es besteht im Auswerfen seines Spielzeuges. Damit können wir ihn später bei der Agilityarbeit motivieren, eine Arbeit schneller und freudiger zu tun, und wir können ihn mit diesem Spiel auch belohnen.
– Der Augenkontakt ist eine Möglichkeit, um die Aufmerksamkeit des Hundes zu gewinnen. Später wird dies dann bei der Arbeit eingesetzt, z. B. wenn der Hund am Start oder auf dem Tisch warten muß. Wir nehmen den angeleinten Hund zu uns und machen ihn auf das sich im Blickkontakt befindende Spielzeug aufmerksam. Er soll uns dabei bis zu etwa 20 Sekunden ansehen, sobald er die Aufmerksamkeit verliert, geben wir ihm sofort das Spielzeug. Dabei gehen wir langsam aufbauend vor.

Erst wenn wir den Hund in Spannung versetzt haben, beginnen wir mit der Arbeit. Wir bauen auch Ablenkungen ein, so daß der Hund lernt, sich nur auf uns zu konzentrieren. Das Spielen ist übrigens auch eine gute Methode für Hund und Meister, um sich vor dem Training warm zu laufen, resp. einzuarbeiten. Erfreulicherweise ist mehr und mehr festzustellen, daß die Spielmethode, das Wecken der Spielfreude also, nunmehr auch im konventionellen Hundesport mit Erfolg angewendet wird.

Der Junghund

Möchte man einen Hund, in der Absicht, später einmal mit ihm Agility zu arbeiten, so überlegt man sich vorher ganz genau, was für eine Rasse es sein soll und welche zu einem selbst am besten paßt. Es gibt viele ausgezeichnete Rassebücher, wo Größe und Eigenschaften der verschiedenen Hunderassen beschrieben sind, und die man vorher unbedingt studieren muß. Ist die Rasse gewählt, setzt man sich mit der Schweizerischen Kynologischen Gesellschaft, oder den auf S. 151 erwähnten Landesverbänden, in Verbindung (SKG-Sekretariat, Länggaßstr. 8, Postfach 8217, 3012 Bern, Telefon 031 23 58 19), die gerne weiterhelfen, damit man an kompetente Züchter gelangt, oder man informiert sich bei einer **seriösen Hundezeitschrift** und achtet dabei auf **FCI akzeptierte Ahnentafeln.** Man schaue sich in der Folge verschiedene Hundezuchtstätten an, bevor man eine Wahl trifft und achtet gut darauf, daß einem der ganze Wurf Welpen gezeigt wird. Sollte ein Mischling in Frage kommen, so wende man sich an die **offiziellen Tierschutzorganisationen** und lasse sich dort beraten.

Man überlege sich auch gut, ob man eher ein weibliches oder männliches Tier haben möchte (beides hat Vor- und Nachteile), ob alle Familienmitglieder und der Hausbesitzer einverstanden sind, und ob man wirklich genug Zeit für das künftige Familienmitglied hat. Ein Hund kann je nach Rasse 12, 14 oder gar noch mehr Jahre alt werden! Prüfen wir uns – sind wir wirklich bereit und in der Lage, so lange die Verantwortung für unseren beabsichtigten Kauf zu übernehmen? Nichts ist für ein Tier schlimmer, als wenn es plötzlich »übrig« ist und schlußendlich an den Nächstbesten »verschachert« wird.

Bei der Namensgebung überlege man sich, daß:
– der Name kurz und prägnant ist
und
– daß er sich gut aussprechen läßt.

Wählt man z. B. den Namen »Hondo«, so darf es später kein Kommando geben mit »kumm do« (komm hier), oder den Namen »Wisch«, denn der tönt wie »Tisch«. Der Meister, der sich hier nichts überlegt, wird nicht verstehen, warum der Hund plötzlich zu ihm zurückkommen will. Der Hund kann den Sinn eines Wortes nicht verstehen, es ist der Wortlaut und der Tonfall, auf das er achtet.

Ein schönes Beispiel dazu:
Einer meiner Hunde hatte die Angewohnheit, die Zunge zwischen die Zähne zu klemmen. Auf das Kommando »Zunge-ine« achtete er bald. Damit aber niemand unsere Sprache verstehen sollte, wandelte ich dieses Kommando bald um, in »Sunne-bine« mit dem absolut gleichen Effekt.

Der Agility-Hund

Der Agilityhund ist vollständig gesund und besitzt eine gute Bindung zum Meister und einen guten Gehorsam. D.h., er läßt sich aus allen Situationen abrufen, läuft nicht davon und darf auch kein Raufer sein. Er sollte, wie an anderer Stelle schon erwähnt,»Spieltrieb« haben und gern»fressen«, damit wir ihn motivieren und belohnen können. Mindestens eine dieser aufgezählten Eigenschaften sollte er auf alle Fälle haben, sonst könnte die Ausbildung schwierig werden.

Hat er in bezug auf die Sprungdistanzen und -höhen noch ein gutes Einschätzungsvermögen, ist er schnell und wendig, und ist der Besitzer des Hundes geschickt, so sind die Voraussetzungen für einen guten Agilityhund gegeben.

Die gleichen Voraussetzungen gelten auch für die»Minis« (Widerristhöhe unter 40 cm), so die in der Umgangssprache benannt werden. Meistens sind sie zwar nur der Statur nach klein, sonst aber nicht zu unterschätzen. Agilityfähig sind sie wie die Großen, und es kann auch sehr gut zusammen trainiert werden. Es ist aber unbedingt darauf zu achten, daß die Hindernisse jeweils in Höhe und Weite angepaßt werden, und da ist der Trainer unbedingt auf die Mithilfe aller Teilnehmer angewiesen!

Der Agility-Sportler

Die Agility-Sportler und -Trainer sind zweckmäßig, sauber und anständig gekleidet. D.h., sie tragen eine bequeme, sportliche Bekleidung und gutes Schuhwerk, z.B. hohe Turnschuhe mit guten Profilsohlen, und sie haben den Regentrainer immer dabei. Auch ein Frottétuch zum eventuellen Trocknen des Hundes sollte vorhanden sein. Metallstacheln und Plastikstollen unter den Schuhsohlen sind verboten, nur allerhöchstens 0,5 cm hohe und breite Gummistollen sollten akzeptiert werden. Der Agilitysportler hat des Hundes Lieblingsspielzeug und die»Leckerli« immer dabei. Röcke, flatternde Kleidung und Bauchtaschen stören die Aufmerksamkeit des Hundes, unbequem sind auch angehängte Rucksäcke, umgehängte Taschen und herumbaumelndes Spielzeug. Beim Kauf der Agilitykleidung sollte man auf genügend große Taschen achten, damit sowohl Spielzeug sowie die»Leckerli« gut und schnell herausgenommen und dem Hund sofort gegeben werden können.»Leckerli«, die erst aus der Hosentasche oder gar noch aus einem Plastiksäcklein herausgeklaubt werden müssen, verlieren ihren Zweck. Nur was unmittelbar nach guter Arbeit belohnt wird, wird vom Hund auch damit in Verbindung gebracht. Bei unkorrekter Arbeit ist dem Hund ein klares und deziertes NEIN mitzuteilen, und er wird nie belohnt, wenn die verlangte Aufgabe nicht korrekt ausgeführt wurde. Dabei überlegt sich der faire Agilitysportler aber auch, ob er sich seinem Hund gegenüber klar genug ausgedrückt hat. Der gute Hundebesitzer ist nämlich fähig, sich in seinen Hund zu versetzen, und er überlegt sich, wie er sich seinem Hund verständlich mitteilen kann. Hundeführer und Hund sollen gesund sein. Das Alter des Meisters spielt keine Rolle, sofern sich dieser »fit« fühlt. Das Alter des Hundes hingegen hat Grenzen, und wir sollten diese frühzeitig erkennen, da der Hund selbst sich nicht artikulieren kann. Ein langsam aufgebautes und vernünftiges Lauftraining täte Hund und Meister gut und ließe sie dann bei der geplanten Sportart zu genügend Atem kommen.

Das Agility-Team

Das ideale Agility-Team erfüllt die vorbeschriebenen Eigenschaften. Es gibt Paarungen, bei denen das Zusehen ein reiner Genuß ist, ganz einfach, weil alles stimmt. Dann gibt es die anderen Paarungen, die es einfach trotz bestem Willen nie lernen, und die eben wenig Talent besitzen. Zwang und falscher Ehrgeiz sind in jedem Fall schlechte Berater, und so sollte man aus den Gegebenheiten das Beste machen. Beide, Hund und Besitzer, sollen Spaß und Freude an Agility haben. Dem Hund ist es nämlich gleichgültig, ob er an erster oder letzter Stelle der Rangliste steht, aber es ist ihm nicht gleichgültig, wie sein Besitzer mit ihm umgeht. Erfüllen die beiden die Voraussetzungen nicht ideal, so ist das noch lange kein Grund, auf Agility verzichten zu müssen. Alles ist lernbar, aber es heißt, sich in Geduld zu üben.

Der Agility-Trainer

Der Agility-Trainer muß ein bedingungsloser Menschen- und Hundefreund sein. Er muß umfassende Rassekenntnisse und die Gabe zur Motivation haben, einfallsreich sein und gelegentlich auch einmal improvisieren können. Er hat ein umfassendes Wissen des Agilitysports und der Agility-Regeln. Er kennt die verschiedenen Unterrichtsmethoden und betreibt selbst den Agility-Sport. Ob er dabei selber an offiziellen Agility-Wettbewerben teilnimmt, ist sekundär, wenn sonst umfassende Kenntnisse in der Hundeausbildung und Kynologie vorhanden sind. Er hat eine gute Beobachtungsgabe. Bei Problemen, die er sich gut überlegt hat, kann er Lösungen anbieten. Er weiß aber auch, daß sich größere Probleme nicht auf dem Agility-Platz lösen lassen. Es ist selbstverständlich, daß er seine Mannschaft an die Wettbewerbe begleitet und sie dort unterstützt. Pünktlichkeit, ein engagiertes Mitmachen, ein faires und kameradschaftliches Verhalten zwischen den Teilnehmern und dem Trainer, fördert die Qualität der Ausbildung und trägt zu gutem Gelingen bei.

Die Meinung des Agility-Trainers über seine Kursteilnehmer ist unwichtig. Er hat mit allen gleichmäßig neutral umzugehen.

Der Agility-Trainer bereitet sich jeweils für seine Lektionen vor, nur ein schlechter Trainer kommt unvorbereitet auf den Trainingsplatz. Er bietet alle Kursteilnehmer eine Viertelstunde vor Trainingsbeginn auf und übergibt ihnen seine Aufzeichnungen, damit diese die Agility-Hindernisse entsprechend dem Plan aufstellen können. Auch nach der Trainingsstunde ist es nicht Sache des Trainers, die Hindernisse zu verräumen, sondern es sind die Kursteilnehmer, die die Geräte versorgen. Somit dauert ein Training in Wirklichkeit etwa 1 1/2 bis 2 Stunden.

Nach dem Training ist eine kritische Besprechung von wenigen Minuten abzuhalten.

Die Unterrichtstechnik

Agility wird in kleinen Schritten und mit einem logischen Aufbau vermittelt. Der Hund lernt durch Erfahrung und von dem, was für ihn vorteilhaft ist. Er kann nicht zwischen guter und schlechter Unterrichtstechnik unterscheiden. Im Training bringen wir dem Hund das gewünschte Verhalten bei, und unerwünschtes Verhalten müssen wir ihm abgewöhnen.

Es ist zu berücksichtigen, daß der Hund alles anders sieht und empfindet als wir, und daß dies beim Aufbau des künftigen Agility-Hundes unbedingt berücksichtigt werden muß, vor allem beim etwas gehemmteren Hund.

Wir stimulieren den Hund mit Kommandos und Sichtzeichen, dabei können wir aber auch noch mit Ermutigung, Lob, Spiel und »Leckerli« im Training einwirken.

Wir unterscheiden zwischen der freiwilligen und unfreiwilligen Methode:
– Die freiwillige Methode: Wir ermuntern den Hund, das von uns Gewünschte freiwillig, d.h. spielerisch oder mit Verlockungen zu tun.
– Die unfreiwillige Methode, die wir gelegentlich auch einmal anwenden müssen: Wir lassen dem Hund keine andere Wahl. D.h., wir setzen den Hund unter Zwang, um das von uns Gewünschte zu erreichen. Dabei hat man mit der nötigen Sorgfalt und Fairneß vorzugehen.

Hierbei merke man sich, je stärker der Zwang, desto größer muß nachher die Belohnung sein.

Korrektur:

Bei der Korrektur bleiben wir dem Hund gegenüber immer ruhig, wirken aber klar und deutlich ein. Oft genügt ein konsequentes NEIN. Korrekturmassnahmen müssen gezielt und überlegt angewendet werden. Sie müssen vorher abgesprochen sein und dürfen nicht aus einem Affekt heraus passieren.

Lerneinflüsse:

Wir lassen den Hund eine Übung bis zu 4 Mal hintereinander ausführen. So bekommt er Rhythmus und lernt schneller. Damit es ihm nicht verleidet, motivieren wir ihn immer wieder mit Spiel. Unser Vorgehen beim Üben haben wir der Art des Hundes anzupassen. Nicht alle Rassen, und auch nicht alle Individuen einer Rasse, empfinden und reagieren in gleicher Weise. Das Temperament des Hundes, seine Empfindsamkeit und seine Art zu sehen und zu hören, sind zu beachten. Ebenso seine Belastbarkeit in bezug auf den Menschen. Läßt er sich gerne berühren, ist er ansprechbar ohne Angst zu zeigen? Dies sollte man sich stets fragen. In dieser Beziehung ist auch die Meister-Hund-Beziehung unter die Lupe zu nehmen. Von ihr hängt im Grunde ab, ob ein Ausbildungserfolg zu erreichen ist.

Wichtig:

Es wird ohne Leine gearbeitet. Nur beim Anlernen der Hindernisse ist die Leine als Hilfsmittel gestattet. Es ist auch äußerst wichtig, daß dem Hund von Anfang an die Links- und Rechtsführigkeit, d. h. die Wechsel von links nach rechts und umgekehrt in der Unterordnung gelernt werden. Das hat für uns dann den Vorteil, daß wir später im Parcours mit einem Seitenwechsel den für uns engeren Radius wählen können. Sämtliche Übungen sind stets links und rechts auszuführen.

Vorbereitung zum Agility-Unterricht

Außer dem Trainingsplan, der jeweils vorbereitet vorliegt, ist ein Erste-Hilfe-Kasten mit korrektem Inhalt für den Notfall zur Hand. Verschiedene Spielzeuge und »Leckerli« sollten auch vorhanden sein, falls diese vom Hundebesitzer vergessen wurden, sowie jeweils genügend frisches Wasser. Die Hunde dürfen nicht mit vollem Magen antreten und auch vor und während des Trainings nicht zuviel trinken (Gefahr von Magendrehungen). Das Trainingsmaterial muß umfangreich und intakt vorhanden sein. Genügend Sprünge zum Training von Sprungkombinationen und Hilfsmaterial sind notwendig. Die Sicherheit der Hindernisse haben erste Priorität. Sowohl Trainer als auch Agilitysportler haben diesbezüglich gleichermaßen aufmerksam zu sein.

Die Sinnesorgane des Hundes, die uns bei Agility nützlich sind

Der Wunsch, uns mit dem Hund richtig verständigen zu können, setzt eine gute Portion Einfühlungsvermögen voraus. Dazu unterstützt uns auch das Wissen um die Sinnesleistungen des Hundes. Es ist gut, sich dies immer wieder zu vergegenwärtigen. Setzen wir uns einmal mit den Sinnesleistungen eines Hundes näher auseinander, und beobachten wir diese einmal etwas näher beim eigenen Hund, so werden wir bald erkennen, daß vieles erstaunlich ist. Wir werden stets aufs neue überrascht sein. Nur wenn wir uns wirklich in diese Empfindungswelt des Hundes einfühlen, können wir auch verständnisvoller mit ihm umgehen. Wenn wir uns damit auseinandergesetzt haben, dürfen wir getrost diese Fähigkeiten auch bei der Agilityarbeit einsetzen.

Das Gehör

Der Mensch kann Geräusche von etwa 16- bis knapp 20000 Schwingungen pro Sekunde (Hz) wahrnehmen. Der Hund ist in der Lage, Töne bis 70000 oder gar 100000 Schwingungen (Hz) zu erfassen. Er hört also die hohen Töne im Ultraschallbereich, indem das menschliche Gehör total versagt. Es ist also völlig unnötig, daß der Hundebesitzer seinen Hund schreiend über den Agilityparcours schickt. Der Hund hört ihn nämlich auch dann, wenn er nur flüstert, ja – er kann sogar in der Lage sein, ein falsches oder zur Unzeit gegebenes Sichtzeichen zu hören (z. B. Reibung der Kleider beim Zeigen), was sich negativ auf den Erfolg einer Arbeit auswirken kann.

Das Sehen

Zwar hat der Hund dem Menschen gegenüber durch die seitlichere Anordnung der Augen und der divergierenden Augenachsen ein um 30 – 50° größeres Gesichtsfeld. Doch es gilt zu berücksichtigen, daß er nicht so detailreich und plastisch sieht wie wir. Auch diese Eigenschaften können wir uns bei der Agilityarbeit zu Hilfe nehmen, resp. müssen wir bei der Fehleranalyse berücksichtigen. So sieht uns der Hund z. B., wenn wir schräg hinter ihm stehen, und er kann auch ausmachen, was wir in dieser Position richtig oder auch falsch tun. Aber es muß auch berücksichtigt werden, daß z. B. der eigene meister bereits schon auf kurze Distanzen (bei einzelnen Hunden gar bereits ab 10 Meter) nicht mehr wahrgenommen werden kann, wenn sich dieser nicht mehr bewegt.

Zusammenfassend sollten wir uns merken: Diese beiden Sinnesorgane können wir positiv in unsere Agilityarbeit einbauen. Wir müssen sie aber auch bei der Fehleranalysierung unbedingt berücksichtigen, und wir beginnen mit der Fehlersuche zuerst bei uns.

Tastorgan und Tastsinn

Mit Hilfe des Tastsinns gelingt es dem Hund, sich auch bei der Agilityarbeit zu orientieren. Bei der Wippe und dem Laufsteg sind es die Pfoten und an engen Durchgängen die Tasthaare an den Beinaußenseiten oder am Kopf. Hat der Hund auch bei Agility einmal begriffen, wie er tasten und sich orientieren muß, so werden ihm die verschiedenen Agility-Hindernisse keine Probleme bieten.

Somit dürfte uns einigermaßen klar sein, wie bedeutend die Sinnesorgane des Hundes für uns in der Agilityarbeit sind, und wie wir richtig oder auch falsch auf den Hund einwirken können.

Die Nase des Hundes

Die Hundenase brauchen wir zwar nicht bei der Agilityarbeit. Dennoch sollten wir uns ein paar Gedanken darüber machen. Nach Desmond Morris besitzt der Hund 220 Millionen Geruchszellen, während der Mensch nur rund 5 Millionen besitzt. Beim erwachsenen Deutschen Schäferhund z. B. erreicht das Riechfeld eine Ausdehnung von bis zu 170 cm². Beim Mensch dagegen nimmt die spezifische Schleimhaut nur 4,8 bis 5 cm² ein. Es soll Hunderassen geben, die einer mit menschlichem Fußschweiß durchsetzten Spur noch nach 4 Tagen folgen können, auch wenn diese mit anderen Abdrücken überlagert wurde.

Diese Angaben sollen verdeutlichen, weshalb die Hunde als Nasentiere gelten und die Nase der stärkste Sinn des Hundes ist.

Teil II

Der Agility-Verein

Die Akzeptanz für Agility ist noch nicht in jedem Verein vorhanden. Wie so oft bei neuen Dingen, gilt es Vorurteile abzubauen und auch Aktivitäten von »Möchtegern-Agility-Spezialisten« abzuwehren, die mit ihrem selbstsüchtigen Verhalten zu einer Abwertung des Agility-Gedankens beitragen (s. Kapitel »Der Agility-Gedanke«, S. 167).

Agility sollte im Verein als Disziplin ernst genommen und gefördert werden, aber die Klubleitung muß dahinter stehen. Wenn Agility seriös unterstützt und gefördert wird, brauchen wir davor keine Angst zu haben. Agility nimmt uns nichts weg, ganz im Gegenteil. Wenn wir nur wollen, kann es auch unseren allgemeinen Hundesport enorm bereichern. Es hat z. B. viel Spielelemente, die sich wunderbar auch im herkömmlichen Hundesport einsetzen lassen.

Warum denn mangelnde Akzeptanz für Agility?

Aufgeschlossenheit und Skepsis gegenüber Neuem ist hie und da der Grund, fehlende Aufklärung also? Wahrscheinlich ist auch, daß Agility zu schnell kam, und so fehlte es in verschiedenen Ländern an einer gut durchdachten Einführung an der breiten Basis.

Verpasste Public Relations nach innen?

Nun ist sie plötzlich da, die Situation, wo verschiedene Meinungen aufeinandertreffen und kein Verständnis mehr für einander da ist. In vielen Klubs ist man überfordert. Allzuviel Neues steht an, und es gilt, dies zu verkraften. Es wird in letzter Zeit auf eine strengere Praxis der herkömmlichen Hundesportdisziplinen geachtet, d. h., die Richterarbeit ist strenger geworden, und neue Arbeitsklassen kommen hinzu. Ständig neue Anforderungen also, die es in den Vereinen personell abzudecken gilt. Und es sind immer weniger geeignete Menschen zu finden, die bereit sind, sich in einem Verein zu engagieren. Wir leben immer mehr in einer Zeit der Konsumenten, und dies ist für uns besonders im Hundesport spürbar.

Sicher wird sich bald eine Vielzahl von Hundebesitzern Agility zuwenden, doch ebenso sicher wird Agility vielen bald zuwenig bieten, und sie werden sich den anderen Disziplinen des Hundesports wieder zuwenden. Man könnte sich nämlich mit der Zeit auch einmal fragen, warum so viele Kilometer zu einem Wettkampf fahren, um in einem Tag während nicht einmal vier Minuten mit dem Hund aktiv zu sein. Hat man gar Pech, so können es gut und gern nur ein paar Sekunden sein! Ebensogut kann Agility vereinsintern oder mit anderen befreundeten Vereinen sinnvoll ausgeübt werden.

Agility wird bei uns nicht die gleiche Chance haben wie etwa in England, wo Agility-Prüfungen eigentlichen Volksfesten gleichen. Auf der Insel hat man kaum andere Alternativen, da ein ziviler Schutzdienst verboten ist. Wir können uns aber trotzdem an Agility freuen und diese Herausforderung willig annehmen. Unser Angebot im Hundesport wird damit bereichert und sicher viele Hundebesitzer dazu anregen, sich mit dem Hund aktiv zu betätigen. Vielen Hunden der verschiedensten Rassen blieb nämlich früher nichts anderes übrig als ein täglicher Spaziergang. Wie schön ist doch Agility, denn plötzlich können auch diese Hunde sich auf Agilityhindernissen im Spiel mit dem Meister austoben. Auch kann Agility dem Zusammenhalt im Verein sehr viel bringen, wenn wir dies wollen. Warum nicht einmal ein internes Vereinsturnier mit einem Mix aus den verschiedenen Disziplinen des Angebots der ganzen Hundesportpalette im Verein durchführen? So ausgeklügelt, daß alle eine Möglichkeit haben, gute Resultate zu erreichen. Miteinander ist immer besser, als gegeneinander.

Lassen wir Agility Zeit, geben wir ihr eine Chance.

Agility in der Vereinsstruktur

Agility kann in verschiedenen Sektionen der SKG gearbeitet werden. Da jedoch wie schon vorher erwähnt, nicht alle Sektionen dieser neuen Hundesportdisziplin offen gegenüberstehen, kommt es jetzt dazu, daß mehr und mehr eigentliche Agility-Vereine auch bei uns wie Pilze aus dem Boden schießen. Hier ist die Organisation kein Problem, hingegen in den Hundesportvereinen, wo Agility neu integriert werden muß. In den herkömmlichen Hundesportvereinen darf man diesen Trend jedoch nicht unbeachtet vorbeiziehen lassen, sondern man muß sich die Konsequenzen sehr gut überlegen und die ganze Angelegenheit zu Ende denken!

Bemerkung:
Gründe für Querelen in den Vereinen, die eigentlich Agility gegenüber offen sind, liegen häufig in kleinen, scheinbar unbedeutenden Dingen, wie z.B. Trennung der verschiedenen Trainingsbetriebe, fehlende Materialordnung etc.

Wie wird Agility strukturiert

Die Aufteilung erfolgt in 3 Klassen:
1. Agility für Anfänger (Grundkurs) ca. 12 Lektionen
2. Agility 1 (mittlere Gruppe) = Abschluß Agility 1-Wettbewerb
3. Agility 2 (fortgeschrittene Gruppe) = Spezialtraining und Agility 2-Wettbewerbe

Der Kursaufbau

Bevor wir mit dem Agilitykurs beginnen, informieren wir die künftigen Kursteilnehmer über den Grundsatz von Agility, Kursplanung und -aufbau, Reglement und Hindernisse, Ziel des Kurses sowie Gepflogenheiten (Kleidung, Schuhe, Spielzeuge, Leckerbissen, Leine, ab wann kein Halsband und warum) etc.

Der Anfängerkurs umfaßt ca. 12 Lektionen mit höchstens 8 Kursteilnehmern pro Gruppe.

Vor dem Kurs benötigen wir einige Informationen:

1. Name, Adresse und Telefonnummer des Kursteilnehmers
2. Wie und warum kommt er zu uns
3. Welche Hunderasse besitzt er
4. Alter des Hundes
5. Ausbildungsstand
6. Gibt es Probleme mit dem Hund (Gesundheitszustand, ist er ängstlich, oder gar aggressiv)

Voraussetzung für den Anfängerkurs in Agility ist mindestens ein gut aufgebauter Erziehungskurs, dabei soll der Hund die Kommandos »Steh«, »Sitz«, »Platz«, »Warte« und »Voran« kennen. Er sollte auch für lustige Spiele apportieren und »bei Fuß« gehen können. Ein erfolgreich absolvierter Erziehungskurs gibt den Hunden und den Besitzern enorme Sicherheit. Wir können einen solchen Kurs auch als Agility-Vorkurs geben und die Leute bei Agility schnuppern lassen. Agility kann erst gearbeitet werden, wenn die Hunde genügend Gehorsam haben und sich aus jeder Distanz und Situation abrufen lassen. Es ist gegenüber dem Trainer und den anderen Kursteilnehmern nämlich nicht fair, wenn alle ständig auf einen davongelaufenen Hund warten, oder diesen mit aller List wieder einfangen müssen. Es gibt Hunde, die am Anfang Schwierigkeiten haben. Die Besitzer sollten sich in einem solchen Fall aber lieber zu einem zweiten Erziehungskurs entschließen.

Bei den mittleren und fortgeschrittenen Agilitysportlern setzen wir voraus, daß sie bereits Mitglied im Verein sind. Ziel der mittleren Gruppe ist ein erfolgreich abgelegter Agility 1-Wettbewerb oder vereinsinterner Agility-1 Test für diejenigen, die nicht an Wettbewerben teilnehmen wollen. Wir legen das Hauptgewicht der Ausbildung auf ein Variantentraining, während es bei den Fortgeschrittenen eher die Schwierigkeitsgrade (technische Details) sind, die wir mit dem Hund trainieren.

Der Trainingsplatz

Das Grundmaß für einen Agility-Trainingsplatz muß mindestens 20x40

Meter betragen. Diese Fläche ist jedoch als Minimum zu betrachten. Der Boden muß eben sein, keinen Hartbelag haben und das Gelände soll in bezug auf die Sicherheit der Hunde ideal sein (eingehagtes Gelände in der Nähe von verkehrsreichen Straßen etc). Das Gras muß regelmäßig geschnitten werden. Ideal wäre im Winter eine Halle mit geeignetem Bodenbelag. Viele Agility-Vereine haben sich mittlerweile in einer Reitsporthalle untermieten können. Dies sollte jedoch nur eine Alternative für den Winter sein. Agility ist ein Freiluftsport und sollte wirklich nur im Notfall bei unmöglichen Witterungsverhältnissen in eine Halle verlegt werden.

Der Agility-Parcours

Der Standardparcours besteht aus mindestens 19 Hindernissen, nämlich:

5	Hürden, wobei die Barren von 5 auf 5 cm verstellbar sein sollten (je eine offen [Gatter], nur mit Barren versehen, geschlossen mit großer Fläche, geschlossen kleine Fläche, Querstange Kreuz, 2 Querstangen)
1	Besensprung
1	Viadukt oder Mauer
1	Pneu
1	Weitsprung bestehend aus 4–5 einzelnen Teilen mit 4 Pfosten
1	Wassergraben mit 4 Pfosten
1	Slalom mit 12 Stangen (8 und 4)
1	Tisch in der Höhe verstellbar
1	Haltezone
1	Schrägwand
1	Laufsteg
1	Wippe
1	fester Tunnel
1	Sacktunnel
3–4	Kavalletis
4	Start- und Zielpfosten

Es ist ratsam noch etwa 4 offene Sprünge zusätzlich zu haben, damit Sprungübungen trainiert werden können. Bei den Seitenteilen der Hürden ist unbedingt darauf zu achten, daß die Auflagen der Stangen bei höchstens 10 cm beginnen und dann jeweils auf 5 cm höher verstellbar sind, bis zur Maximalhöhe von 75 cm.

Es ist darauf zu achten, daß alle Hindernisse für die kleinen Hunde verstellbar sind. Alle Hindernisse müssen nach FCI-Agility-Reglement und in der Schweiz nach SKG-Agility-Reglement standardisiert sein.

Aufwand und Parcourskosten

Die Anschaffung eines standardisierten Parcours wie beschrieben ist in der Schweiz z.Zt. ab etwa Fr. 7000.– zu kaufen. Es gibt sie aus Holz, Metall und Leichtmetall.

	Vorteile:	Nachteile:
Holz	– Leicht, handlich – Leicht reparierbar	– Darf extremen Witterungs- verhältnissen nicht dauernd ausgesetzt sein (Schnee und Feuchtigkeit)
Metall		– Bei Sonnenbestrahlung* erhitzen sich die Metallteile – In der Kälte kleben die Hände am Metall* – Farben platzen ab* – Schwer zum Heben – Teuer in der Anschaffung*
Leichtmetall	– Leicht	– Siehe oben* – Anfällig für Schlageinbuch- tungen – Kann auch zu leicht sein.

Alle Parcours müssen gepflegt werden.

Die Lebensdauer eines Parcours hängt davon ab, ob er regelmäßig überholt und gepflegt wird, ob er im Freien steht, ob er sorgfältig behandelt wird, und ob er oft transportiert wird.

Es ist ratsam den Parcours einzuschließen (Mißbrauch, Vandalismus, Verwitterung und Diebstahl).

Der Lagerplatz für den Standardparcours sollte in etwa die Ausmaße von 2,5x4,5x2 m haben.

Das Anlernen der Agility-Hindernisse

Das Zeigen

Wichtig bei Agility ist immer das richtige Zeigen und zwar mit der Hand auf das Zentrum des Hindernisses. Dabei sollte man folgende Regeln beherzigen:

Mit der Hand, die dem Hindernis am nächsten ist. Also wenn das Hindernis rechts steht, mit der rechten Hand, wenn es links steht mit der linken Hand.

Ausnahmen:
Bei den Kontaktzonenhindernissen (Wippe, Schrägwand und Laufsteg) arbeiten wir entgegengesetzt, also »über die Hand«. Wir wenden uns um eine Viertelsdrehung zum Hund und lassen ihn der hingehaltenen flachen Hand auf und über das Hindernis folgen. So bleibt die andere Hand frei, um dem Hund zu helfen, falls dies nötig ist. Wir achten darauf, daß der Hund die Kontaktzone von Anfang an berührt, und daß er nicht zu schnell wird.

Hör- und Sichtzeichen
Es ist wichtig, daß wir immer die gleichen Kommandos geben und diese differenzieren. Wir haben uns vorher die Namen für jedes Hindernis gut überlegt und wenn möglich schon auswendig gelernt. Wir achten auch sehr darauf, daß wir für die Hindernisse keine Namen verwenden, die sich oder dem Namen des Hundes ähnlich sind. Also nicht, wenn der Hund »Aron« heißt, den Namen »Slalom« verwenden.

Die grundsätzlichsten Regeln

– Vor dem Training Hunde aufwärmen.
– Richtige Kommandos geben.
– Richtig Zeigen.
– Hindernisse nie von der verkehrten Seite angehen oder angehen lassen.
– Ein Training immer mit Erfolg abschließen.
– Nur für richtige Arbeit loben.
– Immer links und rechts trainieren.

Parcours-Zeichensymbole

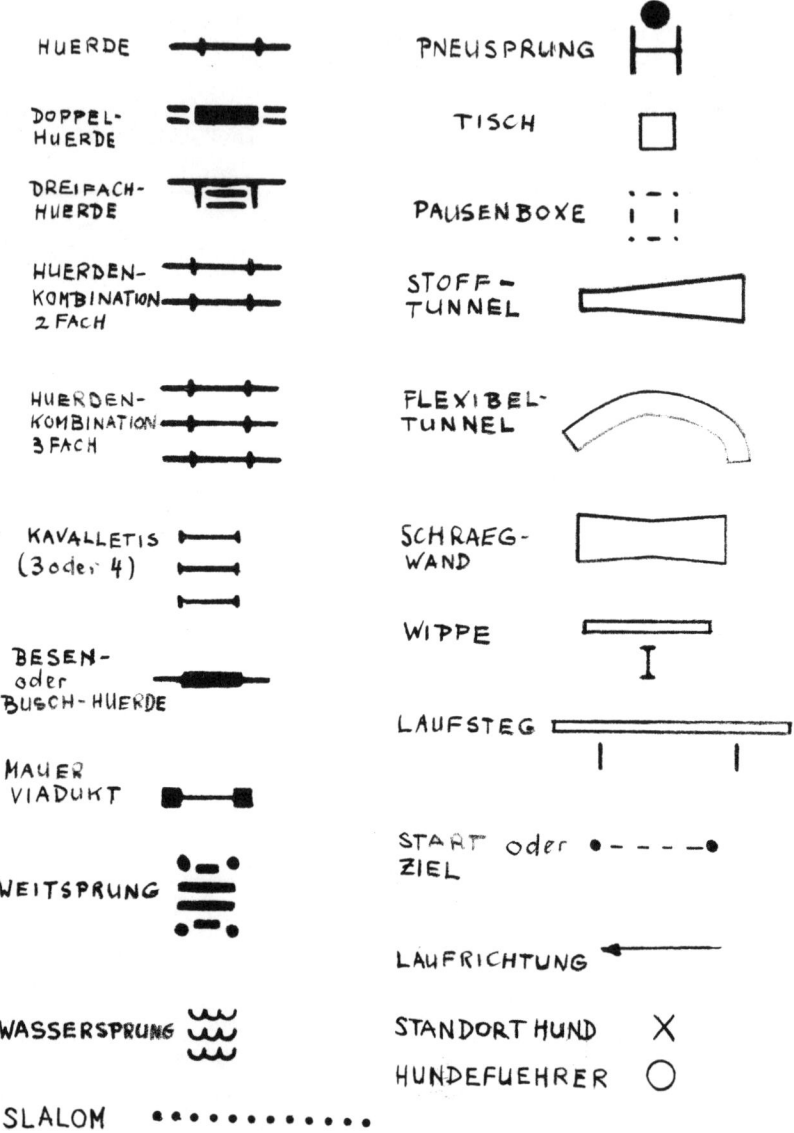

HUERDE

DOPPEL-HUERDE

DREIFACH-HUERDE

HUERDEN-KOMBINATION 2 FACH

HUERDEN-KOMBINATION 3 FACH

KAVALLETIS (3 oder 4)

BESEN- oder BUSCH-HUERDE

MAUER VIADUKT

WEITSPRUNG

WASSERSPRUNG

SLALOM

PNEUSPRUNG

TISCH

PAUSENBOXE

STOFF-TUNNEL

FLEXIBEL-TUNNEL

SCHRAEG-WAND

WIPPE

LAUFSTEG

START oder ZIEL

LAUFRICHTUNG

STANDORT HUND   X

HUNDEFUEHRER   O

Der Aufbau an den Hindernissen

(Verschiedene Fehler an den Hindernissen s. unter Kapitel »Fehler und Refus«, S. 162)

Allgemeine Hindernisse

Hindernisse:	Instruktionen:	Zu beachten: (Ist ein Hund mit dem jeweiligen Hindernis vertraut, so führen wir ihn links und rechts)
Einfache Hürde oder offener Sprung (Maximale Sprunghöhe 75 cm, Mini 40 cm) (siehe auch Kapitel Sprungtechnik)	Hund (H) und Trainer (T) stehen vor dem Sprung, Hundeführer (HF) dahinter. Der T übergibt dem HF die Leine. HF ruft mit entspr. Kommando den Hund. Hund loben.	Mit niedriger Sprunghöhe beginnen (ca. 10 cm). Richtiges Zeigen. Richtiges Kommando. (s. Kapitel Sprungtechnik).
Geschlossene Hürde / Besensprung / Hürde mit Querstange oder geschlossener Sprung.	Mit Miniteil (40 cm) trainieren, auf normale Sprunghöhe (75 cm) erhöhen.	Wie einfache Hürde.
Fester Tunnel	Tunnel ganz zusammenschieben. T hält vor dem Eingang H an der Leine. Reicht dem HF die Leine durch den Tunnel. HF nimmt durch den Tunnel Augenkontakt mit dem H auf und gibt entsprechendes Kommando. Hund loben. Leine weglassen. Tunnel stets verlängern.	H im Tunnel nicht umkehren lassen. T versperrt den Tunneleingang Dem H den Eintritt von der rückwärtigen Seite verwehren.
Stofftunnel	Gleiche Methode wie beim festen Tunnel.	Wie beim festen Tunnel. Stoff muß straff am Boden liegen.

Hindernisse:

Slalom

Der Slalom ist für den H zum Erlernen das zeitaufwendigste Hindernis und braucht am meisten Geduld. Dieses Hindernis nie länger als 4 Mal hintereinander trainieren. Der Eintritt in den Slalom muß von versch. Positionen aus trainiert werden (s. Kap. weitere Anlernmethoden zum Slalom und beachte die Zeichnung S. 33/57).

Instruktionen:

Unsere bevorzugte Methode: (nach Georges Vurpillot) Mit H auf Slalom zugehen. Leine am oberen Ende mit der rechten Hand halten. Mit der linken Hand Leine knapp über dem Hals des Hundes halten. H. von rechts nach links in den Slalom einfädeln. H im Rhythmus durch den Slalom führen. Wenn ein Rhythmus da ist, H von versch. Positionen einfädeln lassen (s. Zeichnung 8. Lektion des Anfängerkurses = Seite 57).

Zu beachten:

Mit der linken Hand arbeiten. Rechte Hand bleibt ruhig. Mit linkem Knie jeweils von rechts nach links helfen. Unbedingt auf Rhythmus achten. Trainingsstangen, dürfen nicht zu hoch sein. Aufbauzeit mit dieser Methode ca. 2 Wochen. Bei Fehler auf richtige Korrektur achten.

Kavalletis

Gleicher Aufbau wie einfacher Sprung. Mit einem Kavalleti beginnen, bis auf 4 erweitern.

3 – 4 Elemente im gleichen Abstand 1,6 bis 2 Meter. Später die Abstände variieren. Jedoch Zwischenräume müssen pro Durchlauf gleich sein (Rhythmus).

Pausenviereck

(Das Pausenviereck ist eine Haltezone)

Hund im Pausenviereck zu »Platz« auffordern. Nur Rute darf überhängen. Später »Sitz« und »Steh« lernen. Hund muß 5 Sek. in Position bleiben.

Nicht in der Haltezone die Positionen »Sitz«, »Platz« oder »Steh« anlernen. H möglichst von vorn oder von den Seiten ins Hindernis einsteigen lassen. Darauf achten, daß H ganz in der Haltezone liegt, sitzt oder steht. In der Anfängerklasse wird nur »Platz« verlangt. »Sitz« und »Steh« erst später dazulernen.

Tisch

(Der Tisch ist eine Haltezone)

Zuerst auf Mini-Tisch trainieren. HF hält H an Leine. HF zeigt auf den

Wie Anhaltezone

Hindernisse:	Instruktionen:	Zu beachten:
	Tisch mit entsprechendem Kommando. Kann auch »Leckerli« auf den Tisch legen und H mit entsprechendem Kommando motivieren. Bei Problemen auf hohem Tisch, evtl. auf Tisch sitzen und u. U. mit Teppich Boden-Tischhöhe kaschieren.	
Viadukt / Mauer	Wie geschlossene Hürde	H. nicht durch die Öffnungen lassen. Evtl. verbarrikadieren.
Weitsprung	Wie offener Sprung. Teile zusammenstellen und langsam auseinanderziehen (max. 1,50 m).	Nicht über Elemente laufen lassen. Bei Problemen evtl. mit vorgesetzter einfacher Hürde erschweren. Stange auflegen, oder Elemente verkehrt hinstellen.
Wassergraben	Wir lernen dem H den Wassersprung oder -graben erst, wenn er den Weitsprung sicher beherrscht.	Nicht ins Wasser treten lassen. Evtl. mit vor- und nachgesetzten Sprungelementen wie beim Weitsprung anlernen.
Pneu	Aufbau wie einfache Hürde.	Pneu tief hängen oder gar auf Boden stellen. Kommandos richtig geben. Mit richtiger Hand ins Zentrum zeigen. Pneu langsam höher hängen. Nicht zwischen Pneu und Rahmen durchspringen lassen. Evtl. verbarrikadieren.
Start- und Zielpfosten	H beim Start mit genügender Distanz hinter der Startlinie in Position bringen.	Darauf achten, daß sie korrekt durchgangen werden und, daß H am Start nicht zu rasch startet und die Zeit zu früh auslöst.

Kontaktzonenhindernisse

Dies sind Hindernisse, die am Anfang (Aufgang) und am Ende (Abgang) mit einer anderen Farbe gestrichen sind, die sogenannten Kontaktzonen. Es wird verlangt, daß der Hund mit mindestens einer Pfote diese Zone berühren muß. Bei diesen Hindernissen läßt man den Hund im Training nie darüber »rennen«. Wir bestimmen, wann der Hund »auf« und »ab« zu gehen hat. Wenn der Hund zu schnell ist, müssen wir ihn mit der Hand, mit Kommandos oder mit Hilfsmitteln bremsen. Der Hund muß die Kontaktzonen sicher und von Anfang an berühren. Für das bessere Verständnis zum Hund ist es unbedingt wichtig, daß der Hundeführer die Kontaktzonenhindernisse zuerst einmal aus der Hundeperspektive betrachtet.

Hindernisse:	Instruktionen:	Zu beachten:
Schrägwand	Kann die Schrägwand tief gesetzt werden, so bietet sie keine Schwierigkeiten. Der HF führt seinen H an der Leine über das Hindernis. Der Trainer steht auf der anderen Seite, auf gleicher Höhe wie der HF in Hilfestellung. Wand langsam erhöhen. Andernfalls führen T und HF beidseits der Schrägwand den H an zwei Leinen über das Hindernis. Leine weglassen. Hindernis stetig erhöhen. Bei extremen Schwierigkeiten mit Leckerbissen auf Schrägwand sitzen und H locken. Trainer leistet Hilfe und paßt auf, damit nichts passiert.	HF führt H in Vierteldrehung auf Hindernis zu. Zeigt mit der richtigen Hand vom Boden her über die Kontaktzone der Schrägwand bis zum Scheitelpunkt. Mit der anderen Hand führt er den H, wenn noch nötig. Am Scheitelpunkt wird der H vom HF mit erhobener Hand gebremst und langsam gegen den Boden geführt.
Laufsteg	Gleicher Aufbau möglich wie bei der Schrägwand. Bei unsicheren Hunden zuerst die Hindernisteile, z. B. auf Backsteine oder niedrige Holzböcke stellen. Kontinuierlich heraufsetzen.	Wie bei Schrägwand.

Hindernisse:	Instruktionen:	Zu beachten:
Wippe	Ähnlicher Aufbau wie Schrägwand. T und HF führen den H beidseits am Halsband über das Hindernis. Beim Kipp-Punkt Brett halten und H langsam herunterlaufen lassen.	Beidseits an Leine führen, immer noch Hilfestellung beim Kipp-Punkt. HF führt H alleine, der T hält hinten das Brett und leistet Hilfe beim Kipp-Punkt. Hilfe abbauen.

Weitere Anlernmethoden zum Slalom

(Siehe auch Kapitel »Anlernen der Agilityhindernisse«, S. 29–33)

Der Slalom ist ein Hindernis, das aus mehreren in einer Reihe aufgestellten Stangen besteht. Die Anzahl der Stangen muß immer gerade sein, also 8, 10 oder 12 Stangen können es sein, die im Zick-zack durchgangen werden. Der Hund tritt stets von links her in den ersten Stangenzwischenraum des Slaloms und verläßt ihn auch wieder von links nach rechts.

Wir arbeiten mit Hilfsgeräten (zugespitzte Stangen)
– Stangen versetzt einstecken; 1. Stange links. Mit Gummiband oder Elektrikerdraht seitlich verbinden.

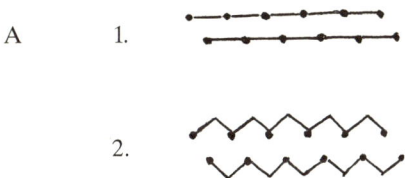

A   1.

2.

Mit dem Hund auf den Slalom zugehen, das Spielzeug durch die Gasse werfen und ihm das für dieses Hindernis gewählte Kommando geben. Links und rechts führen, von verschiedenen Punkten aus auf das Hindernis zugehen. Wir setzen die Stangen kontinuierlich näher, d.h., wir verengen die Gasse mehr und mehr. Mit der Zeit müssen wir das Gummiband oder den Elektrikerdraht jeweils von einer zur nächsten Stange herausspannen, damit der Hund nicht behindert wird. Aufbau mit dieser Methode 2 – 3 Monate.

– Wir stecken die Stangen in einer Reihe praktisch flach in den Boden und verändern (erhöhen) die Stangen kontinuierlich. Aufbau ca. 4 Wochen.

B

– Zeigt der Hund wenig Freude am Slalom, oder hat er die Freude daran verloren, können wir einen Slalom auch in Form von kleinen Sprüngen aufbauen. Auch dazu können wir wieder gut den Eletriker-draht verwenden.

C

– Eine weitere Variante des Slalomtrainings aus England mit speziellem Anlernhindernis (Abb. Seite 56, oben). Die beiden Teile werden mehr und mehr versetzt gegeneinandergeschoben, bis sich der Hund an die Methode und den Rhythmus gewöhnt hat.

D

Hat der Hund die Grundlage des Slaloms, ist es ratsam vor oder hauptsächlich nach dem Slalom z.B. den festen Tunnel oder einen Sprung anzuhängen, damit er diese Arbeit weiterhin freudig angeht.

Von der Methode, den Hund mit »Leckerli« oder Spielzeug durch die Stangen zu dirigieren ist abzuraten, denn der Hund konzentriert sich damit zu wenig auf die verlangte Arbeit.

Die Sprungtechnik

Korrektes Springen:
Korrekter Sprung   Springt zu früh   Springt zu spät

Es gibt Theorien, wo man sich in bezug auf die Berechnung der Sprungdistanzen bei den Hunden auf den Pferdesport abzustützen versucht.
Dies kann jedoch auf keinen Fall stimmen, da die Hunde verschiedene
Sprungtechniken haben. Während sich die einen Hunde im Sprung
praktisch zusammenlegen, überspringen andere Hunde ein Hindernis
langgestreckt oder sie hieven sich vor dem Hindernis in die Höhe um
dann mit Schub zu überspringen. D.h., daß der Absprungspunkt nicht
immer der gleiche sein kann und demzufolge für Hunde nicht gültig
berechenbar ist. Während ein Pferd weitgehend vom Reiter dirigiert
wird, ist es ratsamer, die Hunde den für sie richtigen Absprungspunkt
selbst finden zu lassen. Mit einem sauberen Aufbau und einiger Übung
wird er dann auch keine Probleme haben.
   Bei Sprungkombinationen und auch bei den Kavalletis müssen wir
allerdings darauf achten, daß die Hindernisse in einem für alle Hunde
vertretbaren Abstand aufgestellt sind, so daß diese nicht gerade beim
nächsten Hindernis auflaufen. Bei Doppel- und Dreifachsprüngen (die
als ein Hindernis gelten), darf die Gesamtbreite (-tiefe) nicht mehr als
70 cm betragen. Die oberste, d.h. die letzte Sprunglatte, kann (muß
aber nicht) auf der Höchstmarke liegen, während die Sprunglatten der
vorderen Hindernisse 20 bis 25 cm tiefer liegen müssen. Der übliche
Abstand von einem zum anderen Hindernis ist ca. 10 Schritte oder ca. 7
Meter, bei Sprungkombinationen sind es ca. 5 Schritte oder ca. 3,50
Meter und bei den Kavalletis beträgt der Abstand 1,60 bis 2 Meter.
Innerhalb der Kavalletis ist immer der gleiche Abstand einzuhalten
(Rhythmus). Im Agility-Reglement der FCI sind die Distanzen genau
umschrieben. Bei den Minis ist es selbstverständlich, daß die Doppelhür-
den dem Sprungvermögen der Hunde angepaßt werden.
   Im Training halten wir uns jeweils an die dem Ausbildungsstand
angepaßten Sprunghöhen. Wir denken an die Belastbarkeit der Hunde
(Sprunggelenke, allg. Gesundheit) und trainieren nie die ganze Zeit auf
den höchsten Sprungmarken. Wenn ein Hund springen kann, wird er
jede für ihn vernünftige Höhe springen, und es genügt, wenn wir die

Sprünge in der Höhe variieren und nur gelegentlich auf 75 resp. 40 cm legen.

Ein Hund mit gutem Sprungstil hat folgende Eigenschaften:
Guter Rhythmus und guter Antrieb. In bezug auf den Absprungspunkt eine gute eigene Urteilsfähigkeit. Er hat Vertrauen in seine Arbeit und genügend Erfahrung.

Der Trainingsaufbau

Wie schon an anderer Stelle erwähnt ist es vorteilhaft, die Agilitygruppen z. B. folgendermaßen aufzuteilen:

1. Agility für Anfänger (Grundkurs) ca. 12 Lektionen, interner Abschluß-Wettbewerb
2. Agility 1 (mittlere Gruppe), Ziel Agility 1-Test (off. Wettbewerb)
3. Agility 2 (fortgeschrittene Gruppe), Ziel Agility 2-Test (off. Wettbewerb) und mehr

Ist der Ausbildungsstand zu verschieden oder sind verschiedene Zielvorstellungen zu erkennen, sollten die Gruppen in sich selbst noch einmal aufgeteilt werden.

Damit der Kurs intensiver und interessanter wird, sind die Kursteilnehmer aktiv in das Trainingsgeschehen einzubeziehen, und es sind ihnen immer wieder Aufgaben und Fragen zu stellen.

Gruppen mit 8 Teams sind ideal. Es sollte nur in Ausnahmefällen mit 10 Teams gearbeitet werden.

Teil III

Das Training

Der Trainer überlegt sich vor jeder Lektion grundsätzlich:
1. Was wollen wir heute tun?
2. Was brauchen wir heute?
3. Welche Unterlagen benötigen wir heute?

1. Agility für Anfänger

(Grundkurs = 12 Lektionen, Kurszeit immer etwa insgesamt 1 1/2 bis 2 Stunden)

1. Lektion (Theoretische Einführung)
1. *Was wollen wir heute tun?*

2. *Was brauchen wir heute?*
– Ein Videogerät mit Videoband über Agility.

3. *Was für Hilfsmittel benötigen wir?* (Dies wird künftig nicht mehr erwähnt.)
– Die Unterrichtstasche mit den üblichen Utensilien, wie Reglement, Stoppuhr, Pfeife, Präsenzkontrollblatt, Papier und Bleistifte, Kursunterlagen, Agility-Spielzeug, »Leckerli« etc. Selbstverständlich ist jedesmal der Kursplan und der aufgezeichnete Parcours dabei.

Einführung in Agility:
– Wir zeigen wenn möglich ein Videoband über Agility.
– Wir legen Wert auf eine gute Kursathmosphäre.
– Wir erklären die Kursplanung und den Kursaufbau, das Reglement und die Hindernisse sowie die Zielsetzung dieses Kurses, die Gewohnheiten in unseren Kursen, Gepflogenheiten und Vorschriften.
– Wir achten darauf, daß kein Hund zu jung oder zu alt ist.
– Wir klären die Gesundheit der Hunde ab und stellen fest, ob sie nicht zu dick oder zu mager sind.
– Wir klären auch ab, ob die gemeldeten Hunde zum »Schnappen« oder Beißen neigen.
Da haben die Besitzer unbedingt ehrlich gegenüber dem Trainer zu sein, damit er sich allenfalls vorsehen kann. Eine falsche Scham ist

hier nicht angebracht. Der Trainer ist dazu da, um bei solchen Problemen zu helfen, denn es ist zu bedenken, daß der Trainer den Hund berühren wird und sich gelegentlich mit dem eigenen Gesicht auf die Kopfhöhe des Hundes begibt.

- Wir klären Versicherungsfragen. Jeder Besitzer muß eine Haftpflichtversicherung haben und uns die Police vorweisen.
- Wir orientieren, daß wir eine Präsenzliste führen.
- Wir erklären, daß der Hund nur am Anfang auf dem Parcours ein Halsband trägt, da der Trainer Hilfestellung leisten und den Hund halten muß.
- Die Kursteilnehmer können noch Fragen stellen.

2. Lektion

1. *Was wollen wir heute tun?*
- Wir trainieren die Unterordnung, das kontrollierte und unkontrollierte Spiel und die Aufmerksamkeitsübung.
  Wir gewöhnen die Hunde aneinander und wir bereiten die Kursteilnehmer auf die Agilityarbeit vor.

2. *Was brauchen wir heute?*
- Für jeden Kursteilnehmer ein Blatt mit den nachstehend beschriebenen Übungen.

Demonstration:

»Wie spielen?« (siehe Kapitel »Geeignetes Spielzeug und wie damit zu spielen ist«, S. 13).

Unterordnung = Aufzeigen von verschiedenen Anlernmethoden, wie:

Rechts führen
Da wir den Hund für Agility links und rechts führen, lernen wir dem Hund zuerst einmal rechts »bei Fuß« gehen, dazu müssen wir ein neues Kommando suchen, z.B. »Hand«, also »bei Hand« gehen.
Wir trainieren mit dem Hund auf der rechten Seite das Gerade-Gehen und die Wendungen.

Das Warten
Weiter ist wichtig, das wir dem Hund das Warten beibringen, indem wir ihm die Handfläche zeigen und ihm das entsprechende Kommando geben, oder wir richten uns nach der im Buch von Urs Ochsenbein beschriebenen Methode.

Das Abrufen

Setzt voraus, daß der Hund den Begriff des Wartens kennt, sonst muß der Trainer Hilfestellung leisten.

Das Voran (mit links und rechts schicken)

1. Methode:

Wir legen z. B. ein Kleidungsstück von uns zwei/drei Schritte vor den Hund hin und schicken ihn »Voran«. Mit dem Kommando »Platz« soll er sich gleich zum Kleidungsstück hinlegen, dann spielen wir mit ihm. Wir legen das Kleidungsstück immer weiter von uns weg und bauen mit der Zeit das Pausenviereck ein. Jetzt lernen wir ihm das Kommando »Voran-rechts«. Das Pausenviereck kommt jetzt mit dem Kleidungsstück auf die rechte Seite und der Hund wird vorerst nur rechts ins »Platz« gelegt. Erst wenn der Hund gut begriffen hat, was »Voran rechts« ist, lernen wir ihm mit der gleichen Methode das »Voran links«. Mit der Zeit können wir bei diesen Übungen noch ein oder zwei Sprünge einbauen, dann gelegentlich das Pausenviereck weglassen, durch den Tisch, später durch andere Hindernisse ersetzen.

2. Methode:

Wir werfen dem Hund das Spielzeug nach rechts mit dem entsprechenden Kommando oder nach links. Diese Methode ist zwar einfacher, es dürfte jedoch länger dauern bis der Hund sicher begriffen hat, was wir von ihm wollen.

Das »Sitz«, »Platz« und »Steh«

Sollte er eigentlich schon vom Erziehungskurs her kennen. Wir können es aber trotzdem trainieren und gleichzeitig das »Warten« einbauen.

Der Agility-Gehorsam:

Damit sich die Hunde untereinander angewöhnen, machen wir mit den Teams einen kleinen Gehorsam, wobei wir bereits die Hunde auf der rechten Seite »bei Hand« gehen lassen.

Wir lassen die Teams im Kreis rechts und links herumgehen und lassen sie in Schlangenlinie umeinander gehen. Ähnliches können wir auch, wenn wir die Teams auf eine Linie stellen.

Wir trainieren den Augenkontakt (höchstens 10 später bis 20 Sekunden), zeigen dem Hund das Spielzeug, und wenn er unruhig wird, spielen wir mit ihm und wiederholen diese Übung 2–3mal.

Wir wiederholen im Kreis dasselbe, das Spielzeug ist immer präsent.
Wir lassen den Hund »Platz« machen, legen ihm die Leine auf den Rücken und geben ihm das »Bleib-Kommando«, gehen um den Hund herum, bleiben links und rechts von ihm stehen und steigen gar über den Hund hinweg.
(Der Unterschied von »Bleib« und »Warten«: Beim »Bleib« wird der Hund immer abgeholt, beim »Warten« rufen wir den Hund ab).
Wir gehen in die Mitte, wenden und legen die Hunde ins »Platz« mit Sicht nach außen. Wir stehen eine Weile vor die Hunde hin und spielen anschließend mit ihnen, wenn diese Arbeit beendet ist.
Wir gehen wieder in den großen Kreis, Hunde ins »Platz«. Einzelne Teilnehmer lassen die Hunde auf Aufforderung des Trainers liegen und rennen allein im Kreis herum, dann mit Hund. Führen diesen einmal rechts und einmal links.
Alle Kursteilnehmer gehen wieder mit dem Hund in die Mitte des Kreises, der Hund wird in die »Platzposition« gegen außen gelegt und nun ruft der Trainer einzelne Kursteilnehmer auf, diese gehen langsam aus dem engen Kreis und rufen ihren Hund zu sich.
Die Kursteilnehmer stehen auf eine Reihe mit ihren Hunden. Der Trainer ruft einzelne Kursteilnehmer auf, diese spielen mit dem Hund.
Der Trainer hält den Hund am Halsband und der Besitzer rennt in gerader Linie weg, zeigt dem Hund das Spielzeug, der Trainer läßt den Hund los und wenn dieser so rasch als möglich beim Besitzer ist, spielt er mit ihm. Wir trainieren dies zuerst nur auf kurze Distanz und erweitern künftig allmählich.

Wir wiederholen:
Eine wichtige Voraussetzung für Agility ist, man kann es nicht genug sagen, das Spiel mit dem Hund. Er wird die Arbeit freudiger ausführen und man wird es dem Hund später ansehen, ob er im Spiel gelernt hat. Also achten wir stets darauf, daß wir mit dem Hund nach guter Arbeit genügend spielen.

Je nach Einfallsreichtum des Trainers können diese Übungen länger oder weniger lang trainiert werden. Das praktische Gehorsamstraining dauert etwa 20 Minuten, darf sich aber auf keinen Fall über eine halbe Stunde hinausziehen und darf nicht langweilig gestaltet sein.
Da dies Übungen sind, die der Hundebesitzer teilweise allein üben kann, geben wir ihm ein Blatt mit dem Beschrieb der Übungen. Wir erteilen die Aufgabe bis zur nächsten Stunde, diese Übungen 1 – 2mal täglich höchstens 5 bis 10 Minuten hintereinander zu trainieren.

3. Lektion

1. *Was wollen wir heute tun?*
– Wir trainieren die offenen Hürden und lernen den festen Tunnel.

2. *Was brauchen wir heute?*
– Wir benötigen zum Training 5 offene Hürden/Sprünge und den festen Tunnel.

(Die Sprunglatten oder Barren liegen zuerst bei 10 und dann kontinuierlich höher bis auf 25 cm, bei den Minis entsprechend niedriger.)

Wir stellen die Hindernisse folgendermaßen auf:
(Symbole siehe unter »Artikel Parcours-Zeichensymbole«, S. 28)

(Wie die neuen Hindernisse angelernt werden, kann dem Kapitel »Das Anlernen der Agility-Hindernisse«, S. 29–33, entnommen werden.)

In dieser ersten praktischen Lektion üben wir eine Variante je 4 Mal, rechts und links (»Fuß« und »Hand«). Wir achten darauf, daß die Hunde nicht überfordert werden.

Ebenso ist vor jeder Trainingsstunde darauf zu achten, daß die Hindernisse sicher aufgestellt sind, und daß die Sprunglatten/Barren dem Ausbildungsstand entsprechend auf der richtigen Höhe liegen. Daß alle Teilnehmer die Hindernisse kennen und wissen, was sie vom Hund wollen. Es wird mit dem Hund »angepaßt«, auf keinen Fall aber »zimperlich« oder gar »forsch« gearbeitet.

A

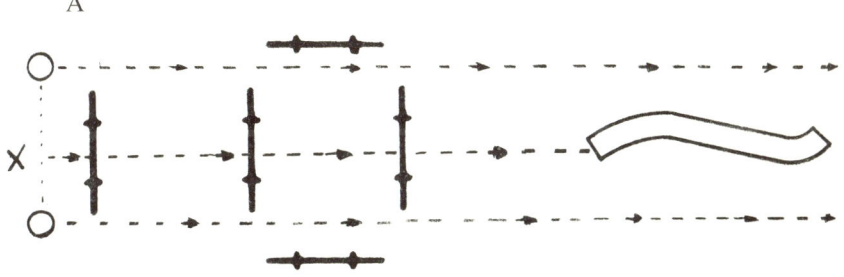

Wir lernen zuerst die Sprünge und achten gut darauf, daß der Hund sowohl links, als auch rechts geführt wird, ebenso beim Tunnel.
Nachdem die Teams die einzelnen Hindernisse (also Sprünge und fester Tunnel) gelernt haben, können wir schon mit kleinen Trai-

ningskombinationen beginnen und den festen Tunnel miteinbeziehen.

Zuerst lassen wir in der Geraden den Hund über einen und dann zwei Sprünge gehen. Wir werfen ihm zuerst den Spielball über den ersten und dann über zwei Sprünge mit dem entsprechenden Kommando. Den Ball aber erst werfen, wenn der Hund schon zum Sprung abgesetzt hat. Wir halten uns mehr und mehr zurück, und wenn der Hund die beiden Hindernisse überspringt, achten wir darauf, daß wir jetzt das Kommando ändern in »Voran«, »Sprung«, »Sprung«. Wir führen den Hund abwechslungsweise rechts und links.

Wir setzen den Hund und geben ihm das Kommando »Warten«. Stellen uns zuerst hinter das erste Hindernis und rufen ihn mit dem Kommando »Sprung« zu uns. Nie das Spielen vergessen! Wir bauen diese Arbeit dann aus auf zwei Hindernisse und führen den Hund schlußendlich noch in den festen Tunnel. Wir achten auf ein korrektes Zeigen und auf die richtigen Kommandos.

B

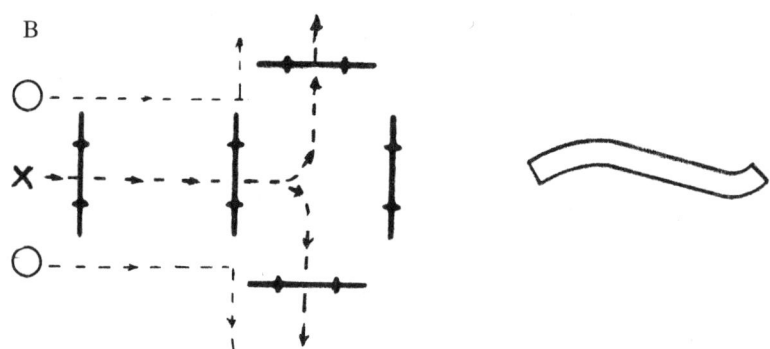

Wenn uns die Zeit noch reicht, so üben wir mit dem Hund die Kombination »Sprung«, »Sprung«, »rechts«, »Sprung« und nachher »Sprung«, »Sprung«, »links«, »Sprung«.

Es ist klar und wird künftig nicht mehr immer erwähnt, daß wir den Hund nach jeder gut gelungenen Übung mit einem großen Lob oder gar Spiel belohnen, ebenso, daß richtig gezeigt und die Kommandos zum rechten Zeitpunkt erteilt werden.

Diese erste praktische Lektion wird wie im »Flug« vergangen sein. Wir achten darauf, daß diese insgesamt 3. Lektion für alle mit einer positiven Arbeit aufhört, und nach einer kurzen Besprechung freuen wir uns auf die nächste Stunde.

4. Lektion

1. *Was wollen wir heute tun?*
   – Wir trainieren neu: Das Viadukt mit dem Mini-Einsatz, den Sacktunnel, das Pausenviereck, Start- und Zielpfosten.

2. *Was brauchen wir heute?*
   – Wir benötigen zum Training 4 offene Hürden/Sprünge, das Viadukt mit dem Mini-Einsatz, den festen Tunnel, den Sacktunnel, das Pausenviereck, die Start- und Zielpfosten. (Die Sprunglatten oder Barren liegen ab 20 und dann kontinuierlich höher bis auf 35 cm.)

Nachdem die Hindernisse aufgestellt sind, beginnen wir mit dem Warmlaufen der Hunde die 4. Lektion

A

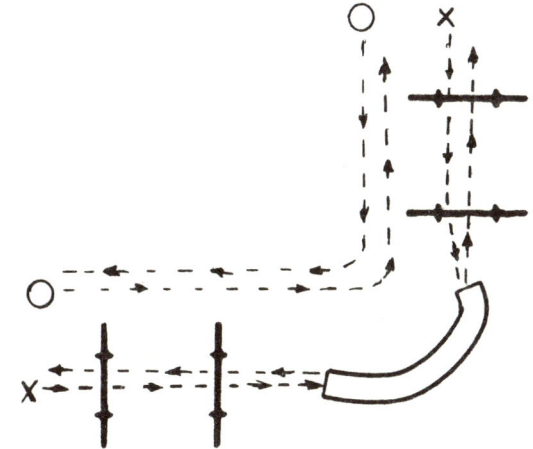

Wir absolvieren mit den in der 3. Lektion gelernten Hindernissen einen kleinen Parcours.
Wir beginnen auf der Innenseite des Parcours und führen den Hund rechts. Nachdem alle passiert haben und auf der Ausgangsseite warten, beginnen wir von der anderen Seite her und führen den Hund links. Dies wiederholen wir zweimal, nachdem wir auf gutes Zeigen geachtet haben.
Anschließend kann der Hund nach dem ersten und dann nach dem zweiten Sprung abgerufen und durch den Tunnel geführt werden.
Eventuell kann der eine oder andere Teilnehmer den Hund mit dem Wurfball über das letzte und zweitletzte Hindernis voranschicken (ohne mitzulaufen). Dies wäre aber dann schon eine großartige Leistung.
Nun lernen wir den Sacktunnel, das Pausenviereck, das Viadukt und

Astrid Steiner mit ihrem damals 5jährigen Tervueren-Rüden Hondo v. Palestrina.

arbeiten mit den Start- und Zielpfosten (s. Kapitel Anlernen der Agility-Hindernisse, S. 29–33). Von jetzt an setzen wir wenn immer möglich die Start- und Zielpfosten und beachten, daß die Hunde diese stets durchlaufen und am Start mit genügender Distanz hinter den Pfosten stehen, liegen oder sitzen (Zeitauslösung im Wettbewerb)!

Wir führen die Hunde links und rechts, achten auf gut gegebene Zeichen und im richtigen Zeitpunkt gerufene Kommandos. Loben nicht vergessen!

Nun bauen wir den Parcours nach der zweiten Skizze (B) um, und können zum Abschluß dieser Stunde bereits einen kleinen Wettbewerb arrangieren:

B

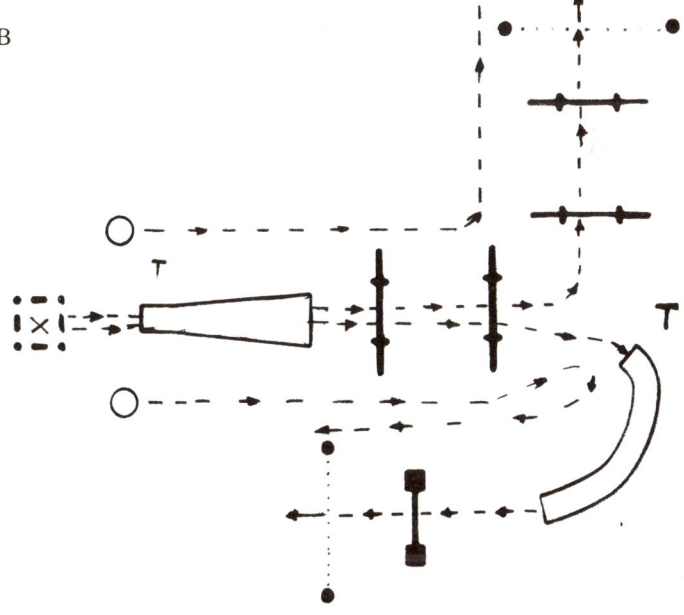

Wir trainieren die neuen Hindernisse (s. Kapitel »Das Anlernen der Agility-Hindernisse«, S. 29–33).

Wir legen den Hund ins Pausenviereck, gehen zum Sacktunnel und rufen den Hund, geben ihm Zeichen und Kommando für den Sack und arbeiten die Kombination, wie wir es in der 3. Lektion gelernt haben (Trainer ist beim Sacktunnel in Hilfestellung.)

Wir trainieren diese Kombination bewußt in beiden Richtungen. Zuerst nach rechts, damit wir den Hund nachher verführen (Falle) können, um in den festen Tunnel zu gehen. Der HF muß dies dem Hund mit dem entsprechenden Kommando verwehren und eine Hilfsperson steht bereit, um dem Hund allenfalls den Weg in den Tunnel zu versperren.

Wir beenden diese Stunde wie gewohnt und erteilen die Aufgabe, bis zum nächsten Mal die Unterordnung zu trainieren, vor allem aber die Rechts- und Linksführigkeit.

5. Lektion

1. *Was wollen wir heute tun?*
– Wir trainieren neu, den Slalom und den Weitsprung.

2. *Was brauchen wir heute?*
– Den Slalom und die Hilfsstangen, evtl. Elektrikerdraht oder Gummiband, einen offenen Sprung und den Weitsprung.

Die ganze Gruppe arbeitet wieder einmal die Gehorsamsübungen durch. Dann zeigt jeder Kursteilnehmer, wie er mit dem Hund spielt (kontrolliert, unkontrolliert), und wir üben die Aufmerksamkeit des Hundes (siehe »Geeignetes Spielzeug und wie damit zu spielen ist«, S. 13) Danach zeigt der Trainer die verschiedenen Anlernmethoden des Slaloms (Hinweisen auf verschiedene Eintrittspositionen s. 8. Lektion, S. 57). Bespricht mit den Teilnehmern, nach welcher Methode ihrem Hund der Slalom angelernt werden soll.

Verschiedene Anlernmethoden des Slaloms (s. Kapitel das »Anlernen der Agilityhindernisse«, S. 29, und Kapitel »Weitere Anlernmethoden zum Slalom«, S. 33).

Wir bevorzugen bei uns die Methode unseres französischen Trainers Georges Vurpillot. Er hat uns mit dieser Methode bewiesen, daß die Hunde nach einer Woche bereits begriffen haben, um was es geht. Wichtig ist, daß der Hund die Rhythmik lernt und am Schluß mit einem kontrollierten Spiel belohnt wird. (Damit diese Übung reizvoller wird, können wir später einen Sprung anhängen [wichtig: erst nach dem Sprung loben.]) Diese Art von Slalom können wir auch zu Hause im Garten trainieren. In einem Do-it-yourself-Laden oder Landw. Genossenschaft können wir uns 12 Viehhüter-Stäbe kaufen und mit diesen einen Slalom abstecken. Wenn wir jeweils dreimal am Vormittag und am Nachmittag trainieren, wird der Hund schon nach kurzer Zeit begriffen haben, was wir von ihm wollen. Vergessen wir nicht, daß wir dem Hund nach einer guten Arbeit auch einmal den Wurfball werfen sollen (unkontrolliertes Spiel, d. h. den Hund rasch ableinen), er wird so die Aufgabe viel freudiger erfüllen.

Wir lernen noch den Weitsprung.

Damit ist diese Stunde sicherlich vorbei. Wir beenden sie wie gewohnt und erteilen die Aufgabe des regelmäßigen Slalomtrainings.

6. Lektion

1. *Was wollen wir heute tun?*
– Wir kontrollieren den Slalom, stimmen uns mit einem einfachen Parcours ein und trainieren als neue Hindernisse den Tisch (mini und normal), den Weitsprung und die Schrägwand.

2. *Was brauchen wir heute?*
– Wir benötigen zum Training 3 offene Sprünge (bei denen die Barren jetzt zwischen 40 und 50 cm liegen), das Pausenviereck, die Tische (mini und normal), den Sack- und den festen Tunnel, die Schrägwand, den Weitsprung und die Zielpfosten, den Slalom (dabei ist es klar, daß wir den Slalom separat aufstellen).

Wir stellen die Hindernisse folgendermaßen auf:

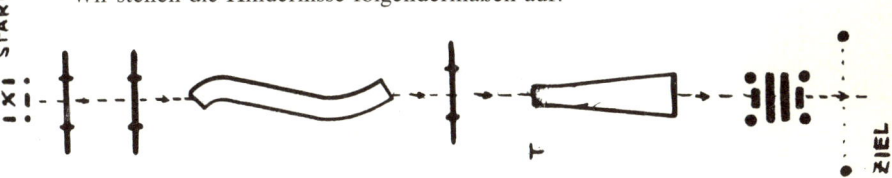

Zuerst zeigen uns die Kursteilnehmer, wie weit sie mit dem Slalomtraining gekommen sind.
Zum Einstimmen absolvieren die Kursteilnehmer den oben aufgeführten Parcours. Die Hunde werden rechts und links geführt. Dabei können wir auch wieder »Voran« und »Abrufen« einbauen. Zur Auflockerung können wir jetzt auch noch einmal versuchen, den Hund nach dem Startkommando nur mit richtigem »Zeigen« und ohne Kommandos, also stumm, über den Parcours zu führen. Wir alle werden erstaunt sein, wie gut die Hunde bereits nur auf die Sichtzeichen reagieren. Der Trainer hilft beim Sacktunnel und achtet, daß sich die Hunde darin nicht verwickeln.
Anschließend üben wir die Schrägwand, den Weitsprung und den Tisch (s. Kapitel Anlernen der Agility- Hindernisse, S. 29–33). Bei

47

Agility 1 ist nur das »Platz« gefragt. Die Steh- und Sitzpositionen auf dem Tisch sind Aufgaben für den Fortsetzungskurs.

Wir haben auch in dieser Stunde wieder darauf geachtet, daß richtig und zum rechten Zeitpunkt gezeigt wurde und, daß die Spielelemente nicht zu kurz kamen.

7. Lektion

1. *Was wollen wir heute tun?*
– Wir stellen neu die Parcoursnummern und achten darauf, daß diese nicht stören und gut sichtbar stehen. Als neues Element lernen wir den Pneu (s. Kapitel »Anlernen der Agilityhindernisse«, S. 29–33).
– Wir absolvieren einen Wettbewerb mit Fehlerbeurteilung und Zeitmessung.

2. *Was brauchen wir heute?*
– Die Parcoursnummern, die Startpfosten, den Pneu, 5 offene Sprünge, den festen Tunnel, die Schrägwand, den Weitsprung und die Tische (mini und normal). Die Stangen liegen jetzt zwischen 50 und 60 cm für die Minis entsprechend niedriger.

Wir stellen die Agility-Hindernisse folgendermaßen auf:

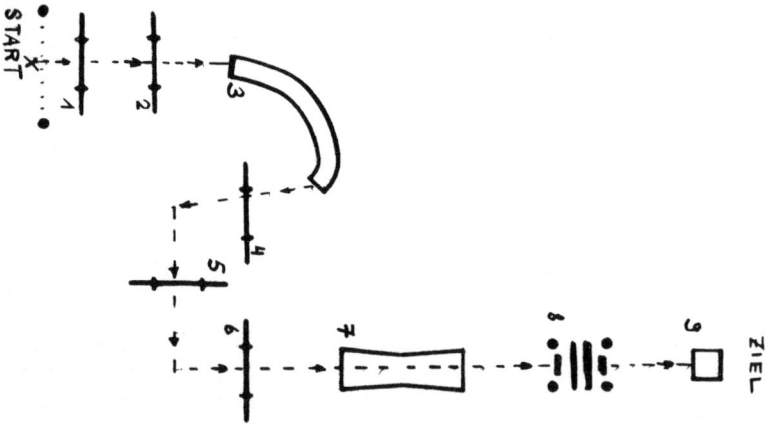

Nachdem sich die Leute selbst mit einem »Gehorsam« eingelaufen haben, kontrollieren wir den Ausbildungsstand des Slaloms von allen Kursteilnehmern.

Die Zusammenarbeit mit Gleichgesinnten macht Spaß und spornt an.

Agility-Hunde sollen sich verstehen, daher ist das Spiel in der Gruppe zu fördern.

Die Aufmerksamkeit

Das Training des Augenkontakts fördert die Aufmerksamkeit.

Zum Spielen geeignete Spielzeuge.

Das Spiel ist dann
die Belohnung.

Die Hindernisse

Das Anlernen des Agilitysprunges. Der Trainer übergibt dem HF die Leine. Der HF motiviert seinen Hund zum Spielen.

Der Hund springt unter korrekter Anweisung des Hundeführers.

Das Anlernen des festen Tunnels.
Der Trainer übergibt dem HF die Leine durch den zusammengeschobenen
Tunnel.

Der HF motiviert seinen Hund den Tunnel zu durchgehen.

Korrektes Durchgehen des Tunnels.

Die Arbeit am Stofftunnel

Gleicher Trainingsaufbau wie beim festen Tunnel.

Korrekt durchgangenes Hindernis.

Der Slalom.

Slalomhilfe wie sie
in England an-
gewendet wird
(Trainingsaufbau
ca. 4 bis 6 Monate).

Ein Hund, der den
Slalom von Grund
auf richtig erlernt
hat (Methode von
Georges Varpillot).

Dann trainieren wir den Pneu (s. Kapitel Anlernen der Agilityhindernisse, S. 29–33).
Wir absolvieren zum ersten Mal einen Agilityparcours mit Zeitmessung und Fehlerbeurteilung.
Die Kursteilnehmer beobachten ihre Kollegen und beurteilen jeden Kursteilnehmer in deren Dabeisein.

Wir beenden den Kurs wie immer mit einer kleinen Diskussionsrunde. Wir teilen mit, daß wir den Slalom auch das nächste Mal kontrollieren und die verschiedenen Eintrittspositionen üben werden. Bis zum nächsten Mal sollten alle Hunde den Slalom einigermaßen beherrschen.

8. Lektion
1. Was wollen wir heute tun?
- Das Gewicht dieser Trainingsstunde liegt bei den verschiedenen Eintrittspositionen (wie auf ein Hindernis von verschiedenen Richtungen her zugegangen wird). Diese Methode kann bei allen Hindernissen angewendet werden, außer Pneu, Kavalletis, Weit- und Wassersprung, Mauer und Viadukt. Zu beachten ist wieder einmal mehr die Links- und Rechtsführigkeit.
- Wir lernen neu; den Laufsteg und wiederholen den Pneu.

2. Was brauchen wir heute?
- 1 offener Sprung, den Slalom, den festen Tunnel, den Laufsteg, den Pneu und Sägemehl.
Wir stellen die Hindernisse so hin, daß ringsherum genügend Platz bleibt, damit alle Kursteilnehmer dem Geschehen folgen können. Wir zeichnen die Eingangspositionen bei verschiedenen Hindernissen mit Sägemehl (Mitte 0 und seitlich je 1 bis etwa 6), gem. nachstehender Skizze an.

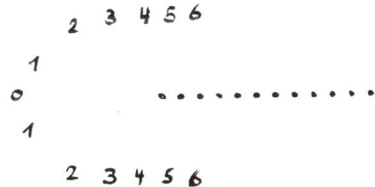

Wir widmen uns wieder einmal der kompletten Unterordnung. Wir legen Wert auf die Stellungspositionen, »Sitz«, »Platz« und »Steh«. Am Start ist es oft nicht unwichtig, welche Stellung der Hund einnimmt, um nicht schon beim ersten Hindernis Fehler zu begehen.

Nach einer kompletten Unterordnung erklären wir den Teilnehmern, welche Hindernisse nie in der Kurve eines Parcours stehen dürfen. Es sind dies: Der Pneu, der Weit- und Wassersprung sowie die Mauer, das Viadukt und die Kavalletis.

Dann zeigen wir den Teilnehmern, wie die Hunde aus verschiedenen Positionen ein Hindernis in Angriff nehmen können. Wir verwenden dazu einen offenen Sprung, den festen Tunnel und den Slalom.

2 Methoden zum Training verschiedener Eintrittspositionen (zum Beispiel in den Slalom):

A

Hat der Hund einmal mit Sicherheit den richtigen Eintritt in den Slalom kapiert, d. h., wenn er gut vertraut ist mit diesem Hindernis, so können wir ihn auch aus einer größeren Distanz mit dem Kommando »Voran« – »Slalom« hinschicken. Die meisten Hunde werden problemlos unseren Wunsch erfüllen, auch wenn wir von der rechten oder von der linken Seite her kommen und den Hund rechts oder links geführt haben. Um Erfolg zu haben ist wichtig, daß wir den Hund mit dem Kommando »Voran« vor uns haben.

B

Siehe Skizze: Nachdem wir vor den Hindernissen mit Sägemehl dreizehn verschiedene Markierungen gesetzt haben, gehen wir aus verschiedenen Positionen 0 – 6 links und rechts geführt (s. »Das Anlernen der Agility-Hindernisse«, S. 29–33) mit dem Hund auf den Slalom (oder ein anderes Hindernis) zu und lassen ihn arbeiten. Wir sollten unbedingt daran denken, daß die Hunde bei dieser Arbeit gut motiviert werden müssen, d. h., wir legen großen Wert auf das Spielen und/oder die »Leckerli«.

Selbstverständlich lernt der Hund diese Arbeit nicht vom einen auf den anderen Tag, sondern er lernt aufbauend.

Wir probieren die gleiche Arbeit auch beim Sprung und dem festen Tunnel.

Wir lernen den Laufsteg gem. Kapitel »Das Anlernen der Agility-Hindernisse, S. 29–33.

Sollte uns noch Zeit bleiben, so hält der Agilitytrainer ein kleines Referat über die Pflege des Hundes im Allgemeinen (Ohren putzen, Krallen schneiden, Vorbeugen gegen Zahnbelag, Parasitenbehandlung und -vorbeugung. Aufenhalt des Hundes im Auto (Sonne, Belüftung) und im besonderen nach dem Training (Tränken und bei nassem Wetter Abtrocknen des Hundes).

Als Aufgabe fürs nächste Mal: Das Training des Slaloms (weil dieser zu Hause mit einfachen Mitteln trainiert werden kann) aus verschiedenen Positionen, wie wir das eben gelernt haben.

9. Lektion

1. *Was wollen wir heute tun?*
- Heute soll unsere Lektion locker sein. Wir widmen uns dem Spiel »Rund um die Uhr«, S. 140.
- Wir lernen neu die Kavalletis (s. Kapitel Anlernen der Agility-Hindernisse, S. 29–33).
- Nachher üben wir mit den Hunden noch kurz die höchsten Sprungmarken (wir beginnen bei 65 und steigern auf 75 cm), bei den Minis entsprechend tiefer.

2. *Was brauchen wir heute?*
- Die Kavalletis, 3 offene Sprünge, und die Geräte nach Wahl, die wir für das Spiel einsetzen wollen (siehe auch Kapitel Spiele, S. 140).

»Rund um die Uhr«
Wir setzen in der Mitte einen Pfosten und lassen die bereits gelernten Hindernisse (8 sind vorläufig genügend), 4 Meter nach außen etwa, aufstellen und stellen die Parcoursnummer von 1 bis 8 der Reihe nach zu jedem Hindernis. Bei den offenen Sprüngen liegen die Barren zwischen 40 und 65 cm. Bei den Minis arbeiten wir jetzt auf 30 – 35 cm.
Die Spielregeln s. Kapitel »Spiele«, S. 140.
Ein Helfer mißt die Zeit. Eliminationen werden abgepfiffen, aber wir lassen die Teilnehmer trotzdem weiterarbeiten, denn es soll ja gleichzeitig auch ein Training sein.
Nach diesem Spiel lernen wir die Kavalletis (s. Kapitel »Anlernen der Agility-Hindernisse, S. 29–33).
Dann trainieren wir wieder einmal die offenen Sprünge und legen jetzt die Barren kontinuierlich bis zur höchsten Sprungmarke (75 cm, resp. 40 cm bei den Minis). Die Hunde dürfen dabei nicht überfordert werden.

10. Lektion

1. *Was wollen wir heute tun?*
- Die Kursteilnehmer laufen die Hunde mit den Gehorsamsübungen ein und spielen mit ihnen. Der Trainer kontrolliert die Arbeiten und insbesondere, ob mit den Hunden echt gespielt wird und die Hunde damit zur Arbeit motiviert werden können.
- Der Slalom sollte nun wirklich überall einigermaßen ohne Leine

gehen, der Trainer verschafft sich darüber ein Bild. (Solange ein Hund den Slalom nicht beherrscht, sollte an der Leine weiter trainiert werden. Bei internen Wettbewerben oder bei Agility-Spielen soll er den Slalom auslassen.)

- Heute steht noch die Erlernung des letzten Kontaktzonenhindernisses auf dem Programm, nämlich die Wippe.
- Zum Schluß widmen wir uns nochmals einem lustigen Spiel.

2. Was brauchen wir heute?

- Den Slalom und die Wippe (s. Kapitel »Anlernen der Agility-Hindernisse, S. 29–33).
- Für das Spiel: Die Schrägwand, die Startpfosten, 3 offene Sprünge, den festen Tunnel, für jeden Hund einen Servelat/Klöpfer und ein Eimer gefüllt mit Wasser.

Die Kursteilnehmer laufen sich und ihre Hunde ein, spielen wieder einmal mit ihren Hunden, und der Trainer kontrolliert, ob immer noch richtig, echt und intensiv mit den Hunden gespielt wird. Auch wollen wir jetzt wissen, wie es mit dem Slalom steht. Wir trainieren auch später immer wieder an der Leine, so wir die Methode von Georges Vurpillot übernommen haben. Jetzt aber wollen wir sehen, wie es ohne Leine geht. Solange der Hund den Slalom nicht vollständig beherrscht, sollte er an einem Trainingswettbewerb keinen Slalom ausüben. Trotzdem kann er mitmachen, muß aber den Slalom auslassen.

Die Wippe lernen wir nach den Angaben, (s. Kapitel »Anlernen der Agility-Hindernisse«, S. 29–33). Mit dem Erlernen dieses Hindernisses brauchen wir viel Zeit, denn es ist das Hindernis, welches den Hunden anfänglich am meisten Schwierigkeiten macht, daß die Hunde später dann aber oft am meisten lieben. Dabei ist wichtig, daß die Hunde keine schlechten Erfahrungen machen. Es ist sehr wichtig, daß die Kursteilnehmer eine positive Einstellung zu diesem Hindernis haben.

Am Schluß kann der Trainer als Auflockerung wieder einen lustigen Wettbewerb veranstalten. (Plan siehe unter Kapitel »Spiele« – »Plauschparcours 1«, S. 138).

Nach diesem Training flechten wir noch ein paar Minuten ein für Fragen, dann Abschluß der Lektion wie immer.

11. Lektion

1. *Was wollen wir heute tun?*

– Die Kursteilnehmer spielen mit den Hunden kontrolliert und unkontrolliert.

– Wir lernen zuerst noch die letzten Agility-Hindernisse, nämlich den Wassergraben, die Mauer/oder das Viadukt (höchste Sprungmarke), den Bürstensprung und den geschlossenen Sprung (s. Kapitel »Das Anlernen der Agility-Hindernisse«, S. 29–33).

– Dann üben wir einen einfachen Agility-Parcours mit 4 Richtungswechseln und 1 Führungswechsel.

2. *Was brauchen wir heute?*

– Als neue Hindernisse: Wassergraben, Mauer/Viadukt, Bürstensprung und geschlossener Sprung.

– Für den Parcours: Die Startpfosten, die Kavalletis, die Schrägwand, 1 Pneu, 1 fester Tunnel, 1 Tisch, 1 Sacktunnel, 1 Laufsteg, 5 div. Sprünge.

Den Parcours stellen wir wie folgt auf:

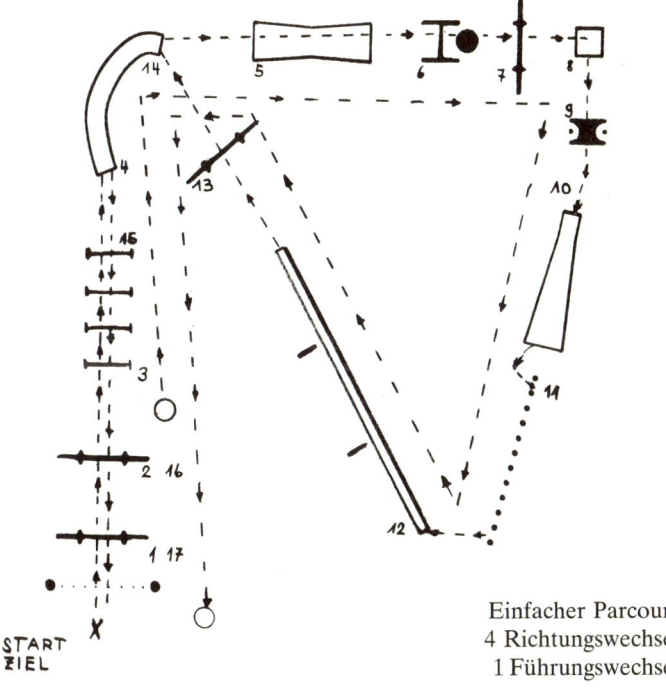

Einfacher Parcours
4 Richtungswechsel
1 Führungswechsel

61

Wir trainieren zuerst noch die letzten Hindernisse: Wassergraben, Mauer und/oder Viadukt (siehe Kapitel »Das Anlernen der Agility-Hindernisse«, S. 29–33).

Der Parcours ist einfach zu absolvieren mit 4 Richtungswechseln und 1 Führungswechsel (die Barren liegen verschieden hoch). Wir probieren einen zweiten Durchgang und führen den Hund stumm, einzig auf und vom Tisch ist ein entsprechendes Kommando erlaubt. Wir achten auf korrektes Zeigen. Spätestens jetzt können die Kursteilnehmer erkennen, wieviel sie mit ihren Hunden schon gelernt haben.

12. Lektion

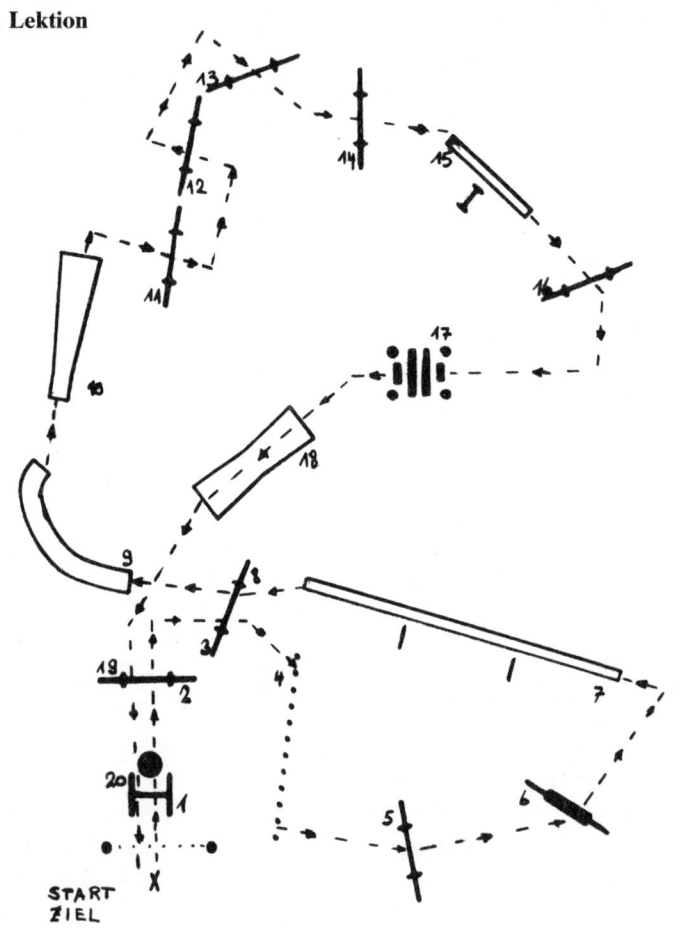

1. *Was wollen wir heute tun?*
– Wir absolvieren heute einen Wettbewerb und beachten die Regeln. Mit dem einzigen Unterschied, daß der Parcours vorher in 3 Sequenzen aufgeteilt wird, die wir vorgängig trainieren.

2. *Was brauchen wir heute?*
– 1 Plan ohne eingezeichnete Parcoursnummern und 1 Plan mit den eingezeichneten Parcoursnummern.
– Für den Parcours: Start- und Zielpfosten, die Parcoursnummern, 1 Pneu, 10 Sprünge (offen und geschlossen), 1 Slalom, 1 Laufsteg, 1 Schrägwand, 1 Wippe, 1 Weitsprung, 1 fester Tunnel, 1 Tisch, 1 Sacktunnel.

Den Parcours stellen wir folgendermaßen (vorerst ohne Parcoursnummern) auf (siehe S. 62):

Wir teilen diesen Parcours in 3 Teile auf und trainieren die verschiedenen Möglichkeiten 1 bis 8, 10 bis 13 und 14 bis 18 einzeln. Erst jetzt werden die Parcoursnummern aufgestellt, bevor die Kursteilnehmer auf Parcoursbesichtigung gehen. Wir gehen wettbewerbsmäßig vor, dazu messen wir die Zeit, es wird gerichtet und benotet. Wir achten auf einen guten Führungsstil und die Kommandogebung.
Am Schluß gibt es eine Siegerehrung, evtl. mit Abgabe einer Kursbestätigung (darin sollte enthalten sein: Anzahl der besuchten Lektionen, Unterschrift des Trainers und Klubstempel).

Nun ist der Kurs zu Ende, wir fragen die Teilnehmer:
– Wie es ihnen gefallen hat.
– Ob sie weitermachen wollen.
– Was sie für Ziele haben.

Allgemeines
Es gibt Leute, die arbeiten gerne Agility, möchten aber nicht an offiziellen Prüfungen teilnehmen. Das spielt für uns keine Rolle, denn »Was nicht ist, kann werden!« Wir sollten uns immer vor Augen halten, daß Agility eine lustige Sache ist für jedermann, die auch das gute Einvernehmen im Verein fördert. Vergessen wir dabei nicht, daß sich die Agility-Leute sicher gerne auch einmal bei anderen großen Vereinsanlässen erkenntlich zeigen und wir ihre Hilfe dann bestimmt gut gebrauchen können.
Wir können für diese Gruppe interne Prüfungen organisieren. Nach erfolgreichem Abschluß kann jeweils in die nächste Gruppe aufgestiegen werden (s. Kapitel »Der Trainingsaufbau«, S. 36).

- Wir geben den Kursteilnehmern einen Meldezettel zur Teilnahme in der mittleren Gruppe ab.
- Orientieren sie über Kurszeit, Ziel und Kosten, Mitgliederaufnahme und -Prozedere im Verein. Wir lassen einen Zettel ausfüllen, wo sie uns kurz mitteilen, wie ihnen der Kurs gefallen hat, und fragen sie nach Verbesserungsvorschlägen.
- Diese Zettel werten wir dann zusammen mit dem Agility-Verantwortlichen des Vereins aus, der wiederum Rechenschaft im Vorstand abzulegen hat.
- Wir erkundigen uns, ob jemand noch weitere Fragen hat, und beenden diesen Anfängerkurs.

Zum Weiterkommen ist es wichtig, daß ab jetzt verschiedene, Trainingselemente geübt werden.

2. Agility 1 = mittlere Gruppe

Verschiedene Übungsvarianten mit Sprüngen, allen weiteren Agility-sowie Kontaktzonenhindernissen

Die nachfolgenden Übungen werden bei uns im Schulungszentrum zum Teil seit Jahren gearbeitet. Sie sind größtenteils aus der Erfahrung entstanden, und auch in Zusammenarbeit mit unserem Cheftrainer Georges Vurpillot ausgearbeitet worden. Sie können mit etwas Fantasie gar noch beliebig erweitert werden.

Es versteht sich von selbst, daß wir die einzelnen Übungen nicht stundenlang trainieren, sondern immer wieder einzelne Übungsteile herauspflücken. Wir gestalten den Übungsbetrieb locker, abwechslungsreich und interessant und achten darauf, daß wir den Hunden und ihren Besitzern immer wieder das Gefühl von Erfolg geben, um sie zu guter und gefreuter Arbeit zu bringen.

Wir setzen voraus, daß die Hundeführer nun wissen, daß der Hund nach jeder erfolgreichen Aktion mit »Leckerli«, Lob oder Spiel belohnt wird und erwähnen dies nicht mehr.

Alle Übungen höchsten ca. 3 bis 4 mal hintereinander ausführen.

Die Richtungswechsel »links« und »rechts« sind immer aus der Sicht des Hundes beschrieben.

1. Übungen

Voranschicken und Abrufen
(Jede Übung ca. höchstens 3 bis 4 mal ausführen)

Es ist zu empfehlen, daß wir mit dem Hund vorgängig (ohne Agility-Hindernisse) die Kommandos »rechts« und »links« lernen und sie dann langsam ins Agility-Training einbauen.

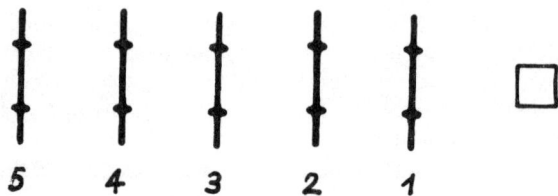

1a H (= Hund) auf den Tisch in »Platz«-Stellung.

HF (= Hundeführer) hinter Sprung 1; er ruft den Hund über Sprung 1 ab.

Kommando »Sprung«.

Gleiche Ausgangslage jedoch HF hinter Sprung 2; er ruft den Hund über die Sprünge 1 und 2 ab.

Kommando »Sprung«, »Sprung«.

Mit dieser Übung weiterfahren bis wir auch mit den Kombinationen 1 – 3, 1 – 4 und 1 – 5 erfolgreich sind.

Immer – auch in Zukunft – auf das richtige Timing der Kommandos und des Zeigens achten.

1b H und HF vor Sprung 1 Richtung Tisch.

HF motiviert Hund zum Bleiben (Stellung »Sitz«, »Platz« oder »Steh« freigestellt).

HF geht zum Tisch, deponiert ein »Leckerli« oder sein Spielzeug.

HF geht wieder zum H.

Nun schickt er den H mit den Kommandos »Voran«, »Sprung«, »Tisch«, »Platz«.

Ca. 5 Sek. in der »Platz«-Stellung lassen.

Die gleiche Übung erweitern, ab Sprung 2, 3, 4 und 5 auf den Tisch. Wenn der H die Arbeit kennt, stellen wir uns mit dem H vor dem Sprung 5 auf.

Wir schicken ihn über die Sprünge 5, 4, 3, 2, 1 auf den Tisch in die »Platz«-Stellung und rufen ihn wieder zurück.

Gelingt dies fehlerlos, so haben wir bereits ein kleines Meisterstück vollbracht.

2. Übungen

Sprungkombinationen

2a Der H ist vor dem Sprung 1, der HF steht in der Pos. 0.
Er ruft den H über den Sprung 1 ab und schickt ihn über Sprung 2.

2a

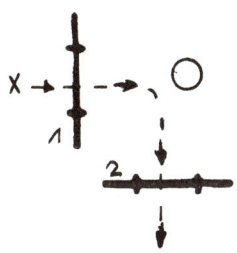

2b Der H ist wieder vor dem Sprung 1, der HF steht an der Pos. 0
zwischen den 2 Sprüngen.
Er ruft den H über den Sprung 1 und schickt ihn über Sprung 2.

2b

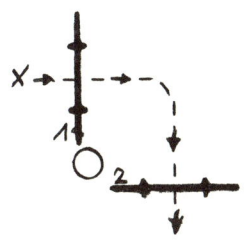

2c Der H ist vor dem Sprung 1 auf der linken Seite des HF.
Der HF schickt den H über Sprung 1 an seiner linken Seite, gibt ihm
das Kommando »rechts«, und schickt ihn über Sprung 2.
Der HF versetzt sich nur seitlich nach rechts, bis auf die Höhe des
2. Sprunges.

2c

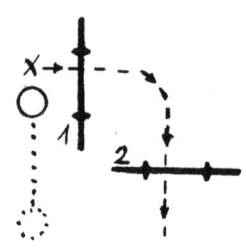

2d Der H ist vor dem Sprung 1, der HF steht bei der Pos. 0
Der HF ruft den H über den Sprung 1 ab und schickt ihn über
Sprung 2.

2d

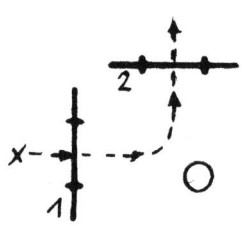

2e Der H ist vor dem Sprung 1.
Der HF steht bei der Pos. 0 zwischen den 2 Sprüngen.
Er ruft den H über den Sprung 1 und schickt ihn über Sprung 2.

2e

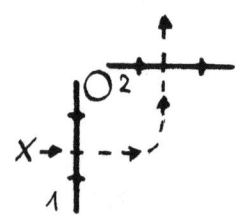

2f Der H ist vor dem Sprung 1 auf der rechten Seite des HF.
Der HF schickt den H über Sprung 1, gibt das Kommando »links«
und schickt ihn über Sprung 2.
Der HF versetzt sich seitwärts nach links bis auf die Höhe des
2. Sprunges.

2f

Führigere Hunde lernen diese Übungen rasch, teilweise braucht es etwas
mehr Geduld. Bei allen heißt es aber immer wieder üben. Wir arbeiten
mit den Hunden nur gelegentlich auf den höchsten Sprungstufen. Wir
trainieren mit einer und dazwischen auch einmal mit 2 Sprunglatten. Die
Hunde sollen sich schon früh daran gewöhnen, daß sie bei allen Höhen,
auch mit nur einer Sprunglatte darüber springen müssen.

3. Übungen

»Rechts«- und »Links«-Training

3a+b Man kombiniert mit 3 Sprüngen, kann aber beliebig erweitern.

3a   **3b**

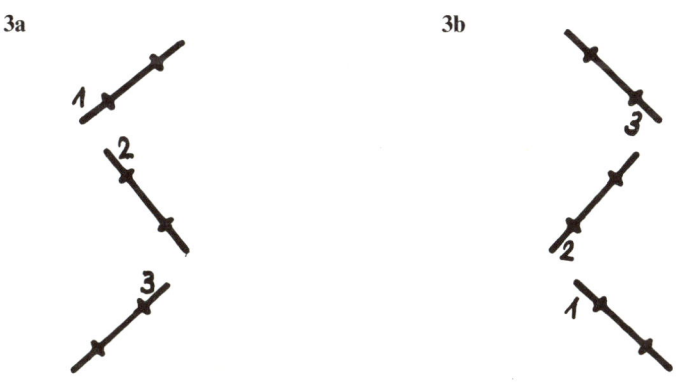

Hat der H links oder rechts ungleich Mühe, so fördern wir eher die schwächere Seite mit etwas mehr Training.

4. Übungen

Sprungübungen kombiniert mit Tisch

4a H und HF vor Sprung 1.
HF schickt den H über die Sprünge 1 und 2 auf den Tisch 5, wo er ca. 5 Sek. in der gleichen Stellung sitzen muß.

4a

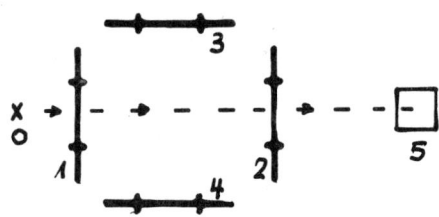

4b H und HF sind vor Sprung 1.
HF schickt den H über den Sprung 1, gibt das Kommando »links« und schickt den H über Sprung 3.

4b

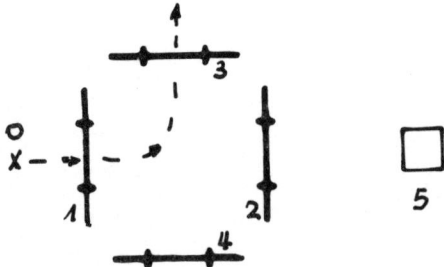

4c H und HF vor Sprung 1.

HF schickt den H über Sprung 1, gibt das Kommando »rechts« und schickt ihn über Sprung 4.

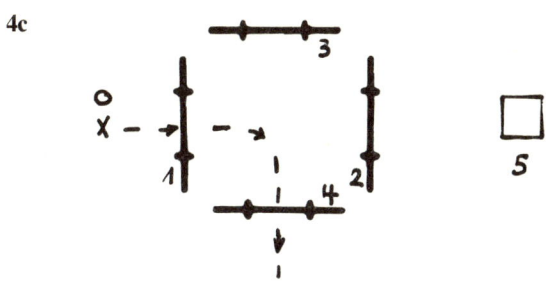

4d H und HF sind vor Sprung 1.

HF schickt den H über die Sprünge 1 und 2 auf den Tisch 5, wo er ca. 5 Sek. zu sitzen hat, und ruft ihn danach über die Sprünge 1 und 2 zurück.

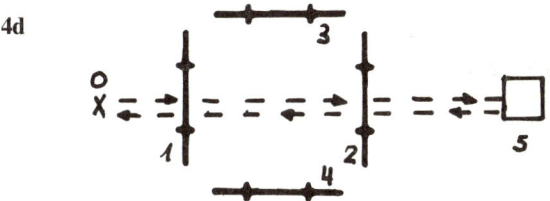

4e H und HF vor Sprung 1.

HF schickt den H über die Sprünge 1 und 2 auf den Tisch 5, wo er ca. 5 Sek. zu sitzen hat.

HF verschiebt sich nun in die Position zwischen den Sprüngen 1 und 2.

Er ruft den H über den Sprung 2 ab, gibt das Kommando »rechts« und schickt ihn über den Sprung 3.

71

4e

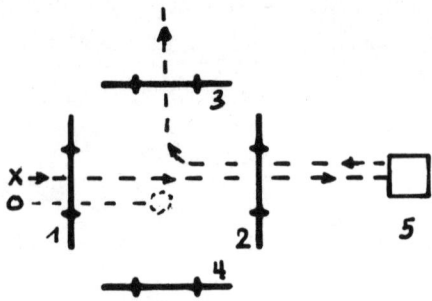

4f Wie Übung 4e, jedoch nach Rücksprung über Hindernis 2 mit entsprechendem Links-Kommando nach »rechts« (vom HF aus) über Sprung 4.

4f

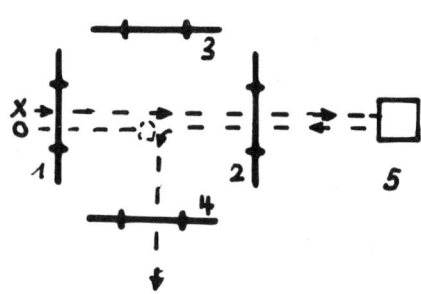

5. Übungen

Sprunghindernisse kombiniert mit flexiblem Tunnel und Pausenviereck

5a H befindet sich in der Stehposition im Pausenviereck.
HF steht hinter der Hürde 4.
HF ruft H über die Sprünge 2 und 4 und schickt ihn in den Tunnel 6, Seite a;

nimmt ihn auf der b-Seite entgegen und schickt ihn »voran« über die Sprünge 4 und 2 ins Pausenviereck und legt ihn in die Platzposition.

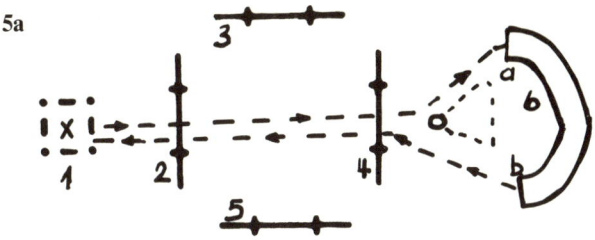

5b Gleiche Übung wie 5a, aber Tunneleingang jetzt Seite b.

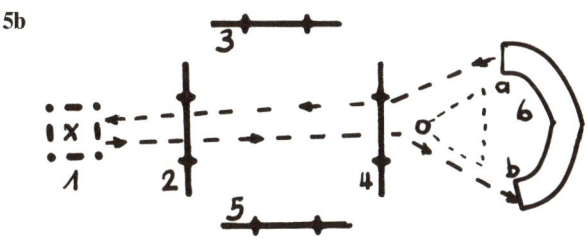

5c Gleiche Übung wie 5a.
Nach Tunnelausgang b jedoch »rechts« über Sprung 5 und »links« über Sprung 2 ins Pausenviereck in Platzposition.

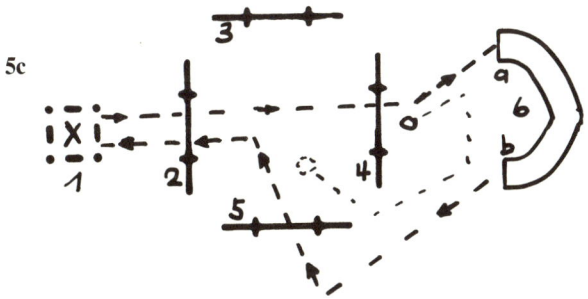

5d Genau gleich wie 5c.
    Tunneleingang jedoch b und Tunnelausgang a, »links« über Sprung
    3 und »rechts« über Sprung 2 ins Pausenviereck in die Platzposition.

5d

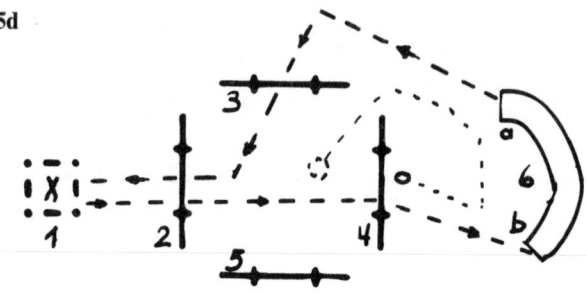

5e H ist in der Stehposition im Pausenviereck.
    HF steht vor Sprung 5.
    HF ruft H über Sprung 2 nach »rechts« über Sprung 5 in den Tunnel
    6 b-Seite, nach dem Ausgang a schickt er den H »voran« über die
    Hürden 4 und 2 in die Platzposition im Pausenviereck.

5e

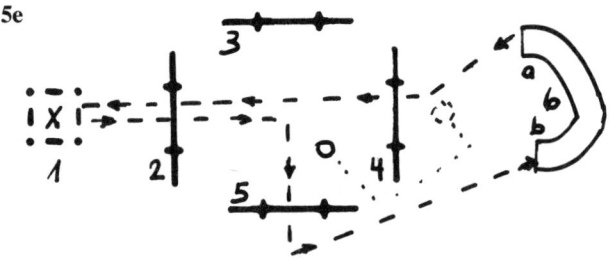

5f Wie 5e, jedoch vor Sprung 3, Abrufen über »Sprung« 2, »links«
    über Hürde 3 in den Tunnel 6, Seite a. Nach dem Ausgang b-Seite
    »voran« wie 5e.

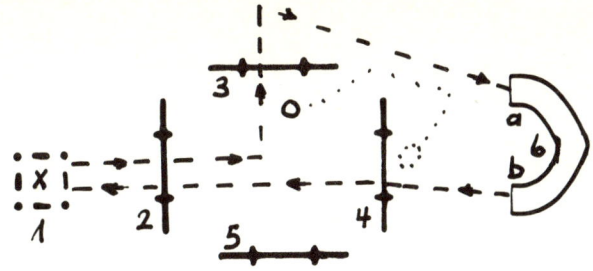

6. Übungen

Sprungübungen kombiniert mit Pneu und Tisch

6a   H ist in der Stehposition auf dem Tisch. HF befindet sich zwischen Sprung 2 und Pneu (3).
Er ruft den H über den Sprung 2 ab und schickt ihn »voran« durch den Pneu (3) und über Sprung 4.
Funktioniert diese Übung, wird die Position des HF hinter den Pneu (3) verschoben. Er ruft den H über Sprung 2 und durch den Pneu (3) ab und schickt ihn »voran« über Sprung 4.

6a

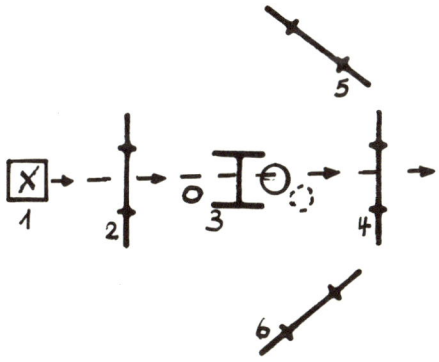

6b Gleiche Übung wie zweiter Teil 6a.
    Nach dem Pneu (3) wird der H mit dem Kommando »links«,
    »voran« über Sprung 5 geschickt.

6b

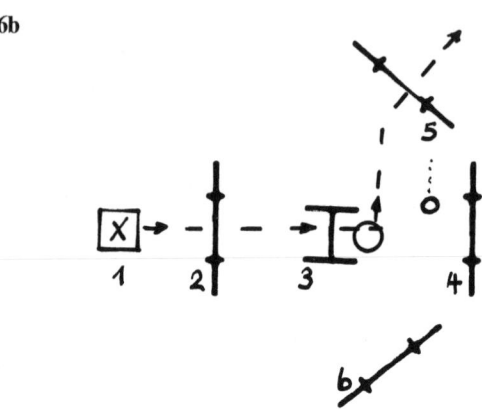

6c Gleiche Übung wie 6b, jedoch nach dem Pneu (3) Kommando
    »rechts«, »voran« über die Hürde 6.

6c

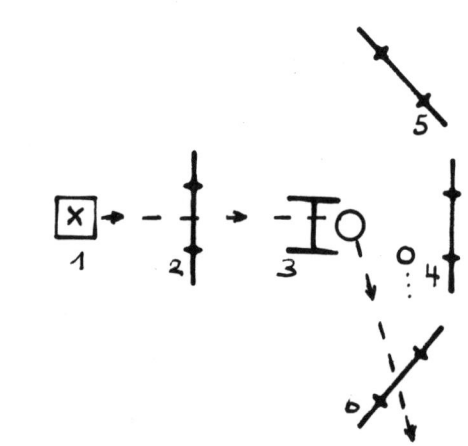

6d Gleiche Übung bis nach dem Pneu.
H links »voran« über Sprung 5 und zurück »voran« über Hürde 4,
Pneu 3, Hürde 2 auf den Tisch in die Sitzposition.

6d

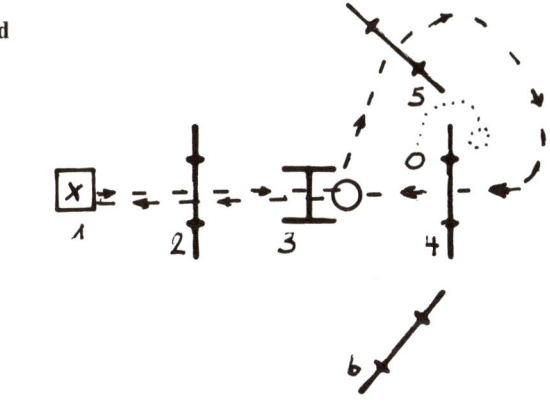

6e Gleiche Übung wie 6d.
Jedoch H nach »rechts« über die Hürde 6 und »voran« auf den
Tisch.

6e

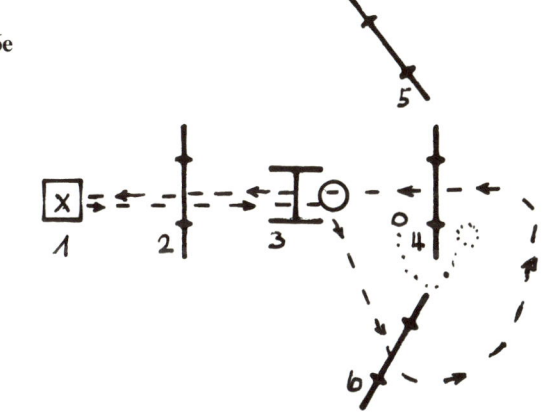

Wie schon andernorts erwähnt, können nach eigener Fantasie die Kombinationen weiter verändert und noch ausgebaut werden.
Der Sinn dieser Übungen ist ja mit dem Hund die Führigkeit zu
trainieren.

7. Übungen

Sprungübungen kombiniert mit Weitsprung und Tisch

Der HF sollte jetzt das Prinzip des Positionierens begriffen haben.
Ab jetzt wird das Positionieren des Hundeführers nur noch bei schwierigeren Übungen aufgezeichnet.
7a   Der H liegt im Pausenviereck.
HF ruft den Hund über den Weitsprung 2 und Sprung Nr. 3 ab.

7a

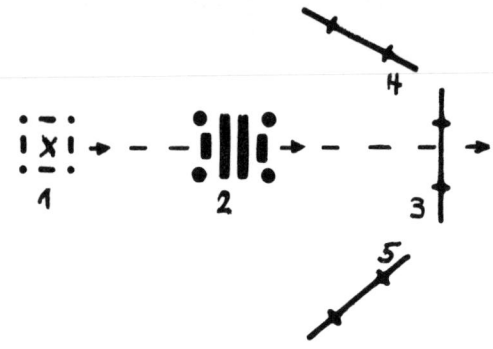

7b   Der H liegt im Pausenviereck.
HF ruft ihn über den Weitsprung 2 ab, gibt das Kommando »links«, »voran«, »Sprung« und schickt ihn über die Hürde 4.

7b

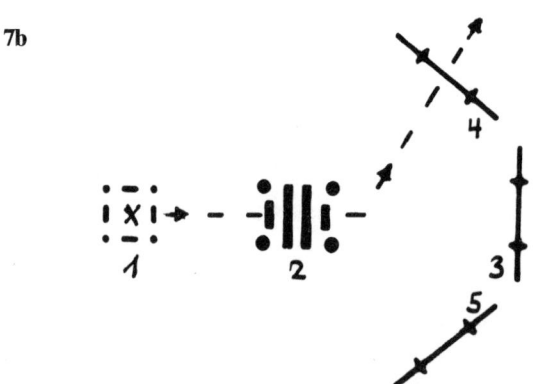

7c Wie 7b, jedoch Kommando »rechts« »voran«, »Sprung« über die
Hürde 5.

7c

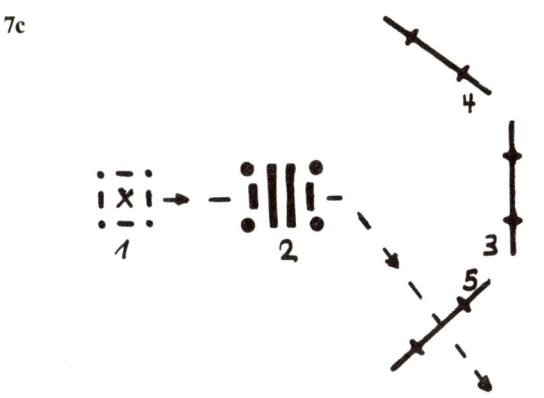

7d Genau wie 7b. Nach Hürde 4 zurück über Sprung 3.

7d

7e Wie 7c, jedoch nach Hürde 5 zurück über Sprung 3.

7e

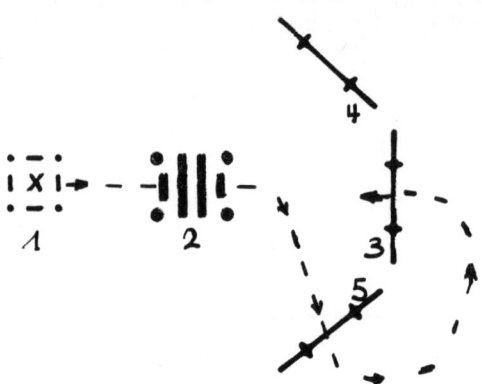

7f H liegt im Pausenviereck.
HF ruft ihn über den Weitsprung 2 und Sprung 3 ab, »rechts« über Sprung 5 und »voran« über Sprung 4.

7f

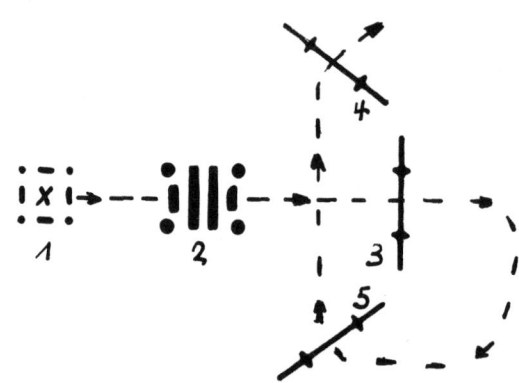

7g Wie 7f, jedoch nach Sprung 3, »links« über Sprung 4 und »voran« über Sprung 5.

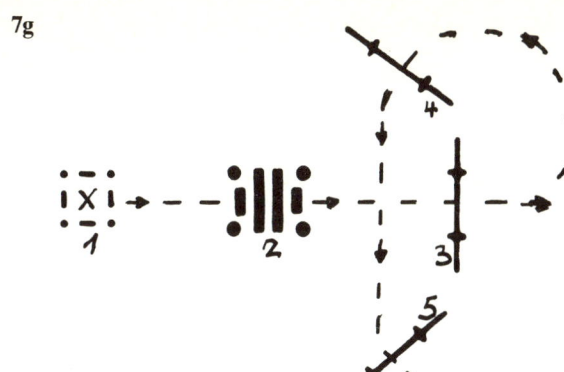

Mit dieser Sprungkombination sind noch weitere Trainingsvarianten möglich.

8. Übungen

Verschiedene Sprungkombinationen

Bei all diesen Übungen befindet sich der Hundeführer im Zentrum der Sprungkombination und bewegt sich nur dort.

8a H sitzt vor Hürde 1.

HF ruft ihn über Sprung 1, »voran« Sprung 2, »links« Sprung 3 und »voran« Sprung 4.

8a

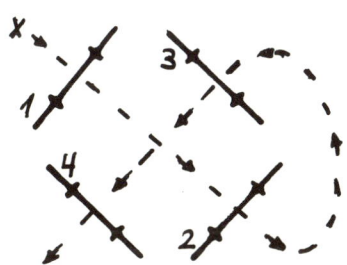

8b   H sitzt vor Hürde 1.

      HF ruft ihn über Sprung 1, »voran« Sprung 2, »rechts« Sprung 4, »voran« über Sprung 3.

8b

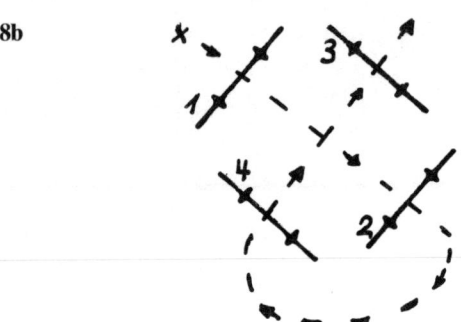

8c   H sitzt in der Mitte der 4 Hürden.

      HF schickt ihn »voran« über Sprung 1, »rechts« über Hürde 3, »voran« Sprung 4 und »links« über Sprung 2.

8c

8d   H sitzt in der Mitte der 4 Hürden.

      HF schickt ihn »voran« über Sprung 1, »links« über Sprung 4, »voran« über Sprung 3 und »rechts« über Sprung 2.

8d

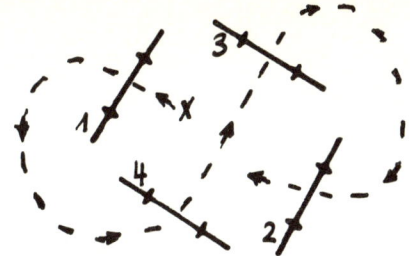

8e H sitzt vor Sprung 1.
HF ruft ihn über Sprung 1 ab, »links«, »voran« über Sprung 3, »rechts« über Sprung 2, »links«, »voran« über Sprung 4, »rechts« erneut über Sprung 1 ins Zentrum.

8e

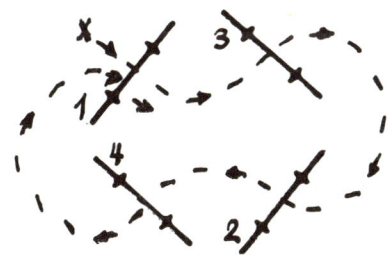

8f H sitzt vor Sprung 1.
HF ruft ihn über Sprung 1 ab, »rechts«, »voran« über Sprung 4, »links« über Sprung 2, »rechts«, »voran« über Sprung 3, »links« erneut über Sprung 1 ins Zentrum.

8f

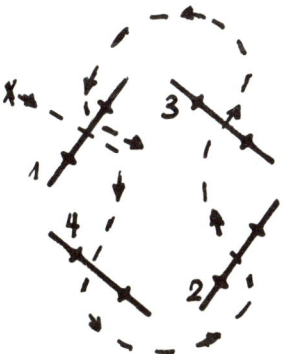

8g   H sitzt vor Hürde 1.
      HF ruft ihn über Sprung 1 ab, »links« zwischen Hürden 1 und 3
      durch, »rechts« über Hürde 3, »links«, »voran« über Hürde 2,
      »rechts« zwischen den Hürden 2 und 4 durch, »links«, »voran« über
      Hürde 4.

8g

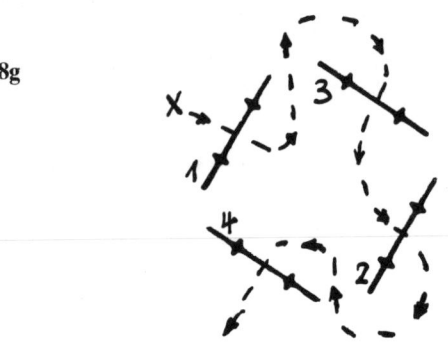

8h   H sitzt vor Hürde 1.
      HF ruft ihn über Sprung 1 ab, »rechts«, »voran« über Sprung 4,
      »links« zwischen den Hürden 4 und 2 durch, »rechts«, »voran« über
      Sprung 2, »links« über Sprung 3 ins Zentrum.

8h

9. Übungen

Sprünge kombiniert mit Sack- und flexiblem Tunnel

Mit dieser Kombination können unzählige Varianten trainiert werden,
um die Führigkeit des Hundes und das Geschick des Hundeführers
weiter zu fördern. Nachfolgend einige Beispiele.
Der Hund startet bei allen Übungen vor dem Doppelsprung 1 und

84

beendet seine Übung immer wieder am Startort.

9a HF ruft den H über den Doppelsprung ab, führt ihn in den flexiblen Tunnel 7 (Seite a). Von Seite b dirigiert er ihn in den Stofftunnel 6 und wieder über die Doppelhürde 1.

9a

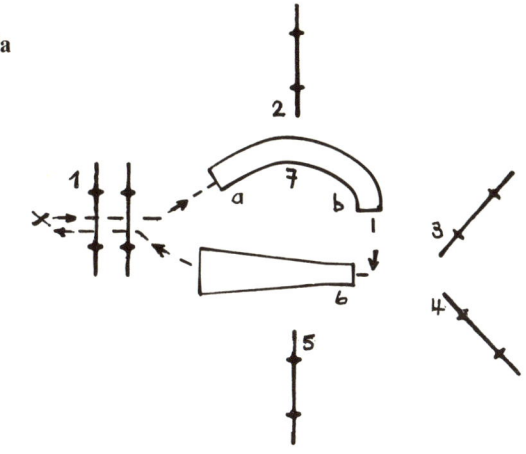

9b Wie 9a. Nach dem Ausgang b des Tunnels 7, »links«, über die Sprünge 4 und 3, nachher »links« durch den Stofftunnel 6 und über die Doppelhürde 1.

9b

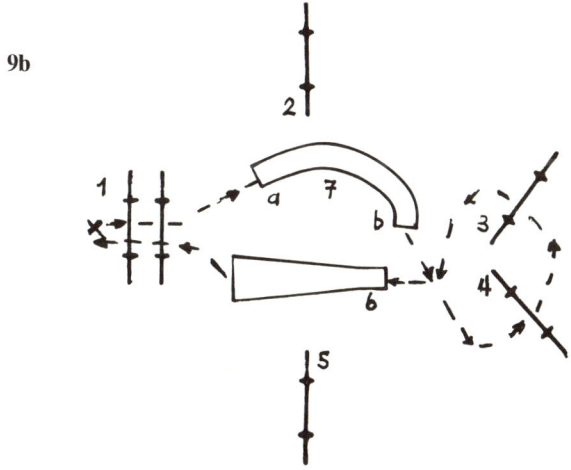

9c Anfang wieder wie 9a, jedoch nach dem Ausgang des Tunnels 7 (Seite b), »rechts« über den Sprung 5 und die Doppelhürde 1.

9c

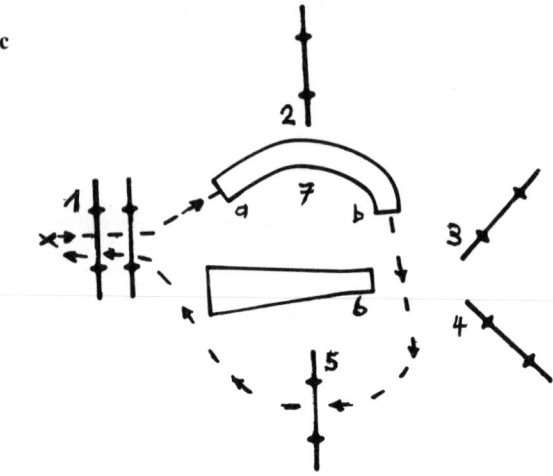

9d H über die Doppelhürde 1 abrufen, über die Hürden 2, 3, und 4 führen. Anschließend in den Stofftunnel 6, nach »links« über die Hürde »links«, in den flexiblen Tunnel 7 (Seite b), und über den Doppelsprung 1.

9d

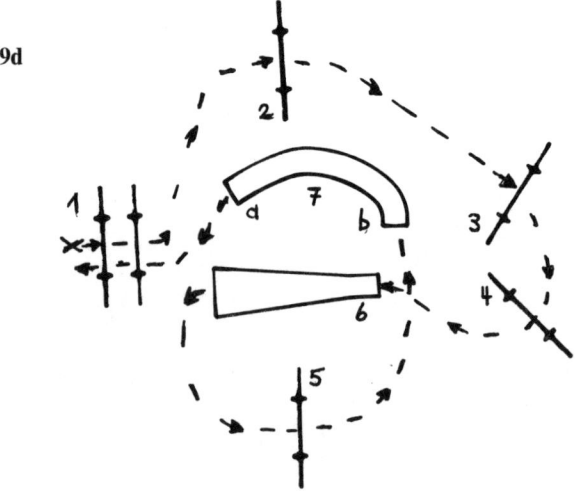

9e   Zuerst wieder Doppelsprung 1, »rechts« über die Hürde 5, »links«
in den Stofftunnel 6, und zurück über die Doppelhürde 1.

9e

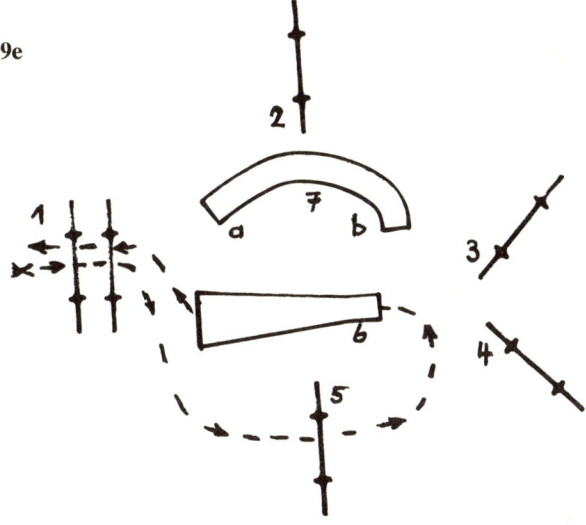

9f   Wie 9e, jedoch nach Sprung 5, »links« in den flexiblen Tunnel 7
(Seite b), und zurück über Doppelhürde 1.

9f

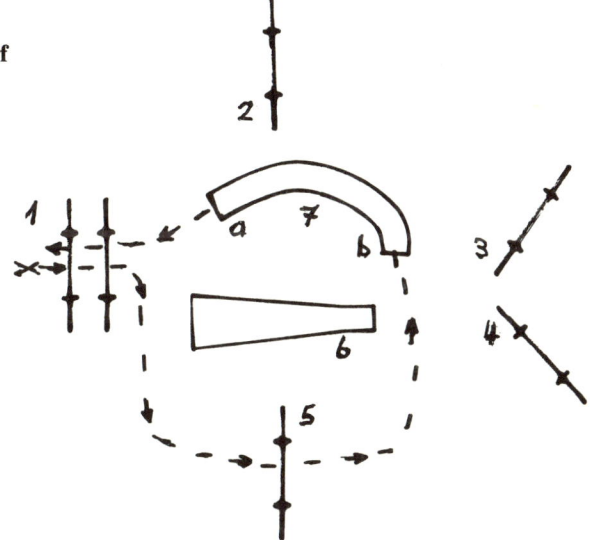

9g Über Doppelhürde 1, in den flexiblen Tunnel 7 (Seite a), nach
»rechts« in den Stofftunnel 6. Nach »links« über die Sprünge 5, 4, 3
und erneut in den flexiblen Tunnel 7 (Seite b), und über den
Doppelsprung 1 zurück.

9g

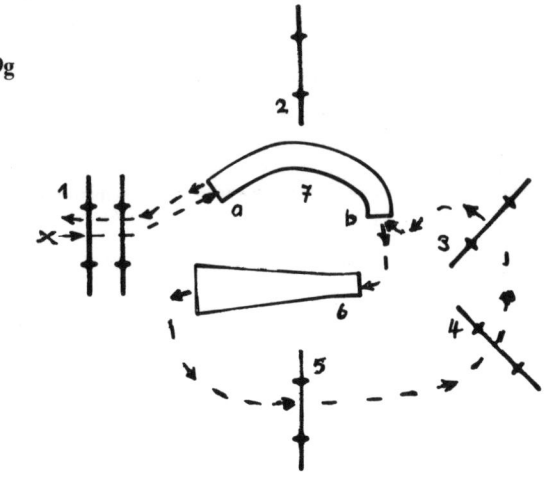

9h Über Doppelhürde 1 in den flexiblen Tunnel 7 (Seite a), nach
»links«, über die Sprünge 3 und 4. Erneut in den flexiblen Tunnel
(Seite b) und zurück über Doppelsprung 1.

9h

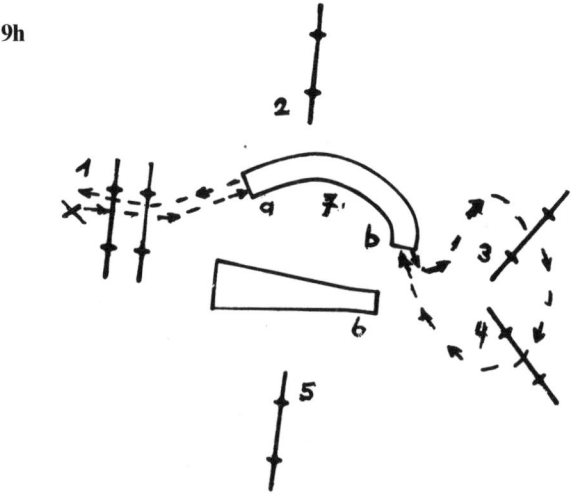

10. Übungen

Verschiedene Sprungkombinationen

Bei all diesen Übungen bewegt sich der Hundeführer von der 1. Hürde nach rechts bis zur 4. Hürde auf der Linie vor den Hürden.

10a H »voran« über Sprung 1, »rechts« zurück über Sprung 2. »Links« »voran« über Sprung 3 und »rechts« zurück über Sprung 4. Der HF bleibt bei all diesen Übungen an der Position stehen, wo er den Hund zurückerwartet. Es ist sehr wichtig, daß wir auf das richtige Zeigen und die richtigen Kommandos achten.

10a

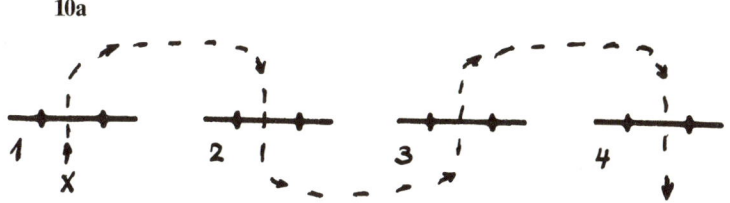

10b H »voran« über Sprung 1, »rechts« zwischen den Sprüngen 1 und 2 zurück. »Links« »voran« über Sprung 2, »rechts« zwischen den Sprüngen 2 und 3 zurück, usw. bis nach Sprung 4.

10b

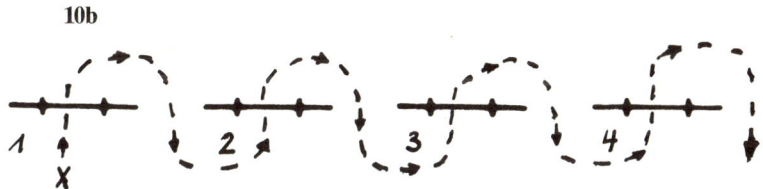

10c H »voran« über Sprung 1, »rechts« zurück über Sprung 2. »Links« »voran« zwischen den Sprüngen 2 und 3, »rechts« zurück über Sprung 3. »Links« »voran« über Sprung 4, »rechts« zurück nach Sprung 4.

10c

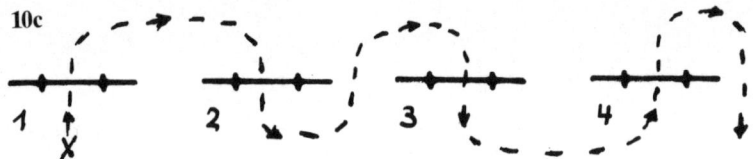

10d H »voran« über Sprung 1 und »rechts« zurück zwischen den Sprüngen 1 und 2.
»Links« »voran« über Sprung 2 und »rechts« zurück über Sprung 3, usw. bis und mit Sprung 4.

10d

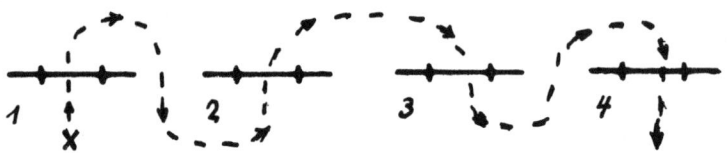

10e H »voran« über Sprung 1 und »rechts« zurück über Sprung 2.
»Voran« wieder über Sprung 2, »rechts« zurück über Sprung 3, »links« über Sprung 4 und zurück über Sprung 4.

10e

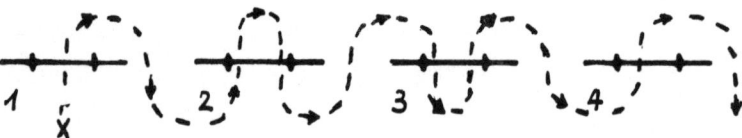

10f H »voran« über Sprung 1, »rechts« zurück zwischen den Sprüngen 1 und 2.
»Links« »voran« über Sprung 2, wieder zurück über Sprung 2, und weiter wie Skizze bis nach Sprung 4.

10f

10g H »voran« über Sprung 1, »rechts« zurück über Sprung 2.
»Links« »voran« zwischen den Sprüngen 2 und 3, »rechts« zurück über Sprung 3, und weiter wie Skizze bis nach Sprung 4.

10g

10h H »voran« über Sprung 1, »rechts« zurück zwischen den Sprüngen 1 und 2.
»Links« »voran« über Sprung 2 und »rechts« zurück über Sprung 3.
»Voran« erneut über Sprung 3 und weiter wie Skizze bis nach Sprung 4.

10h

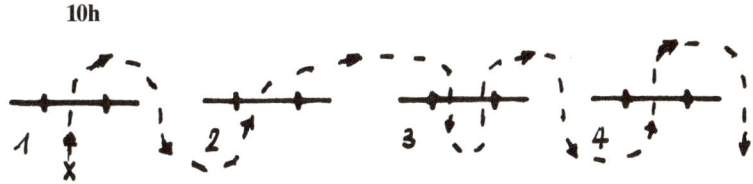

Die Übungen sollen auch in umgekehrter Reihenfolge trainiert werden.

11. Übungen

Kombination Sprünge, flexibler Tunnel, Wippe (darauf achten, daß der Hund stets die Kontaktzonen berührt).

Die Wippe ist für die Übungen 11a–d so aufgestellt, daß sie von Seite a her benutzbar ist. Ab Lektion 11e wird sie dann von Seite b her benutzbar.
Die Arbeit mit dem flexiblen Tunnel kann erschwert werden, indem wir den Tunnel mit einer scharfen Knickung hinstellen, so daß Ein- und Ausgang nebeneinander liegen. Im weiteren sind noch unzählige Varianten möglich.

11a H vor Sprung 1.
HF ruft ihn über Sprung 1 ab, führt ihn über die Wippe 5, in den flexiblen Tunnel 6, Seite a.
Von Ausgang b über die Sprünge 4 und 2.

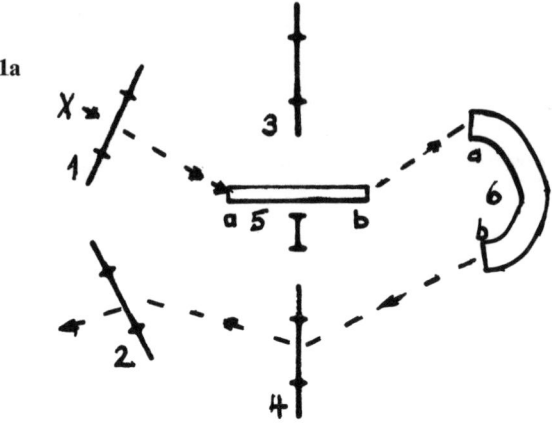

11b H vor Sprung 2, HF ruft ihn über Hürde 2 ab.
Führt ihn über die Wippe 5 in den flexiblen Tunnel (Seite b).
Ab Ausgang a) über die Sprünge 3 und 1.

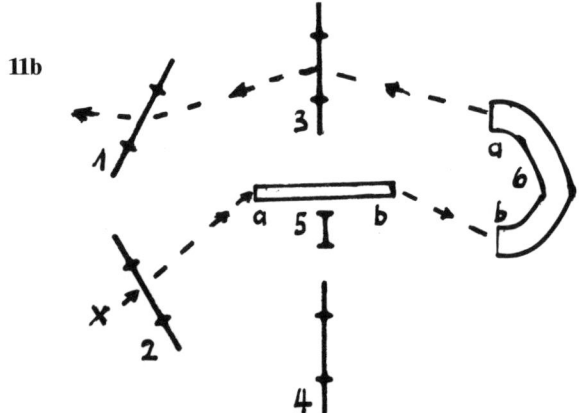

11c Wie 11b, jedoch nach der Wippe 5, »links« in den flexiblen Tunnel 6 (Seite a).
Vom Ausgang (Seite b), »rechts« über die Sprünge 3 und 1.

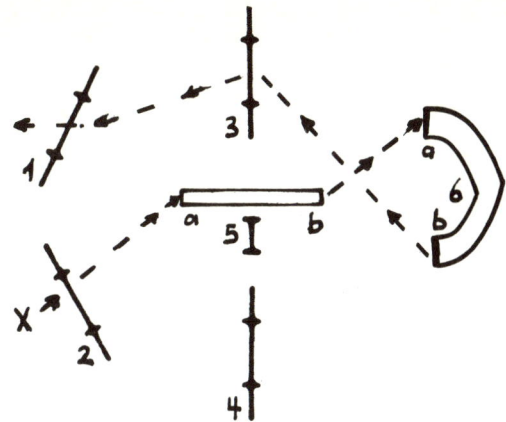

11c

11d Wie 11a, jedoch nach der Wippe 5, »rechts« in den flexiblen Tunnel 6 (Seite b).

Von Ausgang (Seite a), »links« über die Sprünge 4 und 2.

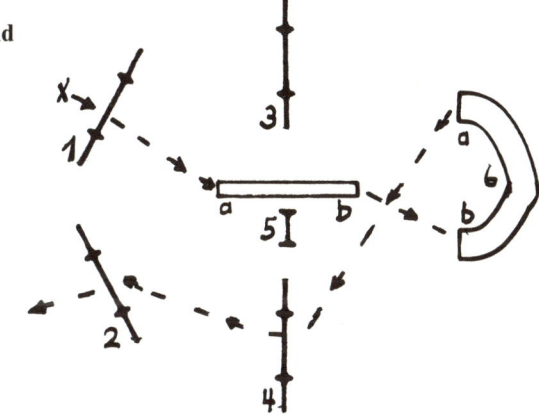

11d

11e H vor Hürde 1. HF ruft ihn über die Sprünge 1 und 3 ab, und führt ihn in den flexiblen Tunnel 6 (Seite a).

Nach dem Ausgang (Seite b) über die Wippe und »links« »voran« über die Hürde 2.

11e

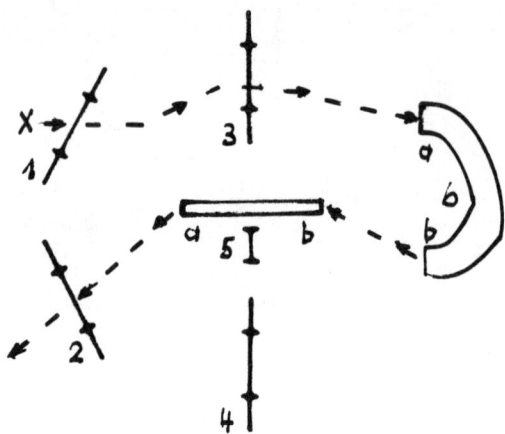

11f H vor Hürde 2. HF ruft ihn über die Sprünge 2 und 4 ab und führt
ihn in den flexiblen Tunnel 6 (Seite b).
Nach dem Ausgang (Seite a), »links« über die Wippe und »rechts«
»voran« über die Hürde 1.

11f

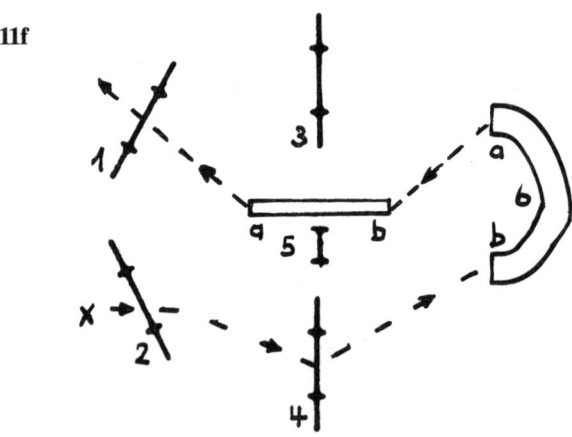

11g H vor Hürde 2. HF ruft ihn über die Sprünge 2 und 4 ab und führt
ihn in den flexiblen Tunnel 6 (Seite a).
Von Ausgang b, »rechts« über die Wippe 5 und »links« »voran«
wieder über Sprung 2.

11g

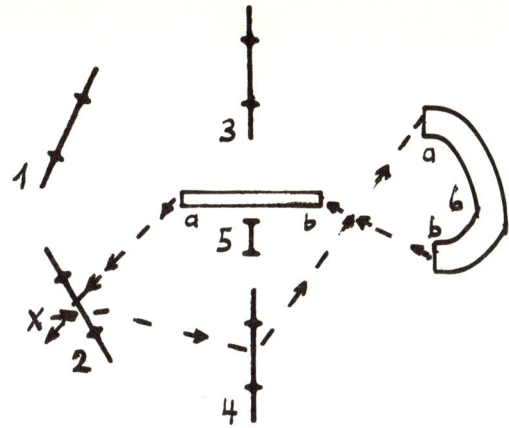

11h H vor Hürde 1. HF ruft ihn über die Sprünge 1 und 3 ab, »rechts«
über die Wippe 5.
»Links« über den Sprung 4 in den flexiblen Tunnel (Seite b), vom
Ausgang (Seite a) erneut über die Wippe 5 »rechts« und »voran«
wieder über Sprung 1.

11h

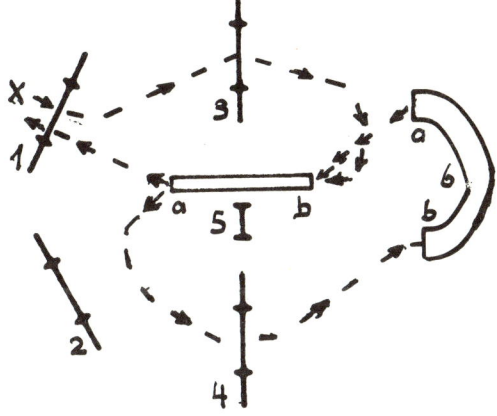

12. Übungen

Kombination Sprünge und Schrägwand (darauf achten, daß der Hund
stets die Kontaktzonen berührt)

12a H sitzt vor der Schrägwand 3 (Seite a). Der HF führt den H über die
Schrägwand 3 und »voran« über Sprung 5.

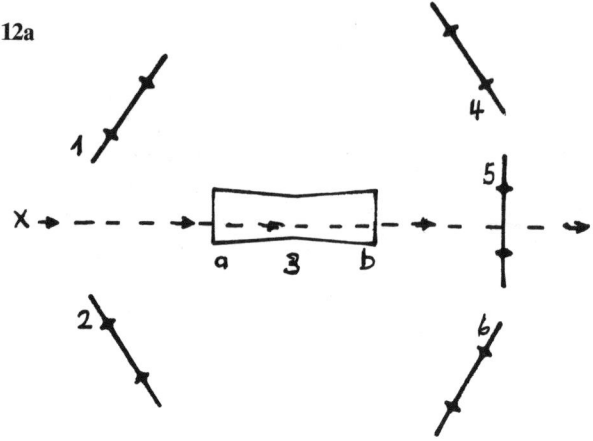

12b H sitzt vor dem Sprung Nr. 1.
HF ruft ihn darüber und »rechts« über die Schrägwand 3 (Seite a).
Auf Seite b dann »links« über Sprung 4 und »rechts« über Sprung 5.
Wieder über die Schrägwand 3 (Seite b), »links« »voran« über
Sprung Nr. 2.

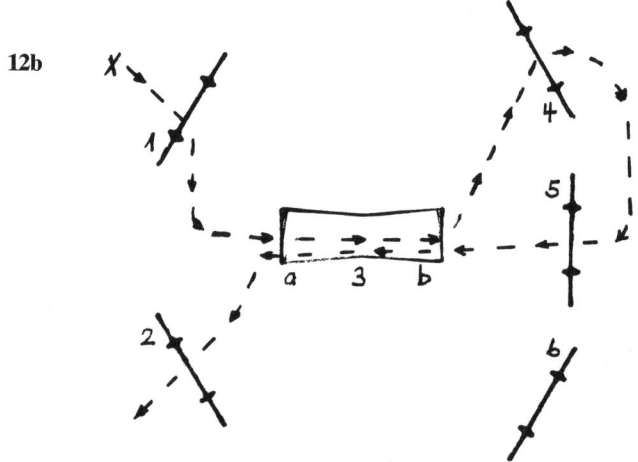

12c H sitzt vor dem Sprung Nr. 2.
HF ruft H über Sprung 2, »rechts« über die Schrägwand 3 (Seite a).

Auf Seite b »rechts« über Sprung 6, »links« über Sprung 5, wieder über die Schrägwand 3 (Seite b). Auf Seite a »rechts«, »voran« über Sprung 1.

12e

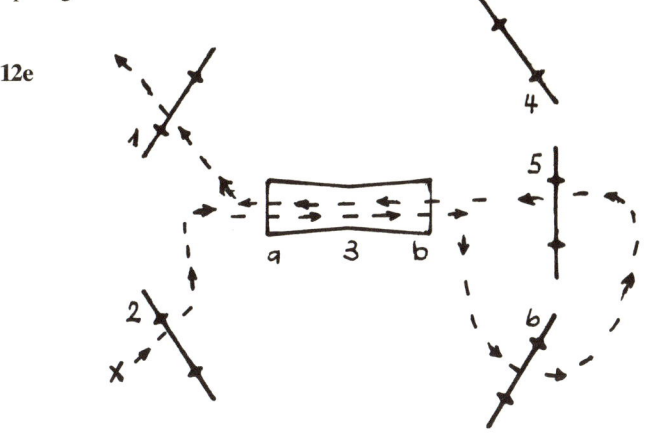

12d H sitzt vor der Schrägwand 3 (Seite a).
HF führt den H über die Schrägwand 3 und »voran« über Sprung 5, »rechts« über Sprung 6 und »rechts« wieder über die Schrägwand 3 (Seite b), »rechts«, »voran« über Sprung 1.

12d

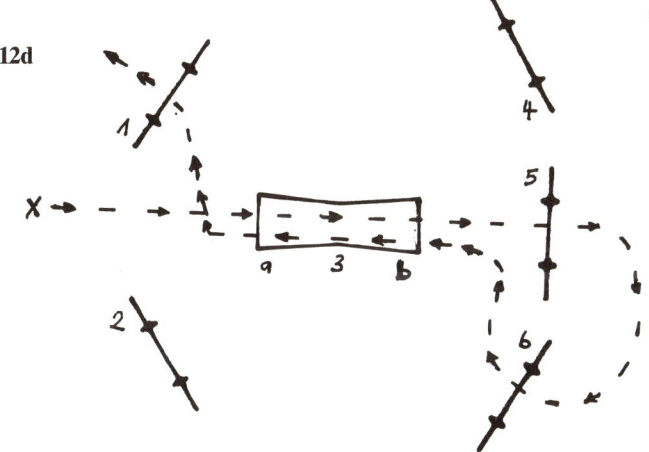

12e H sitzt vor der Schrägwand 3 (Seite a).
HF führt den H über die Schrägwand 3 und »voran« über Sprung 5, »links« über Sprung 4. »Links« wieder über die Schrägwand 3 (Seite b), auf Seite a »links« »voran« über Sprung 2.

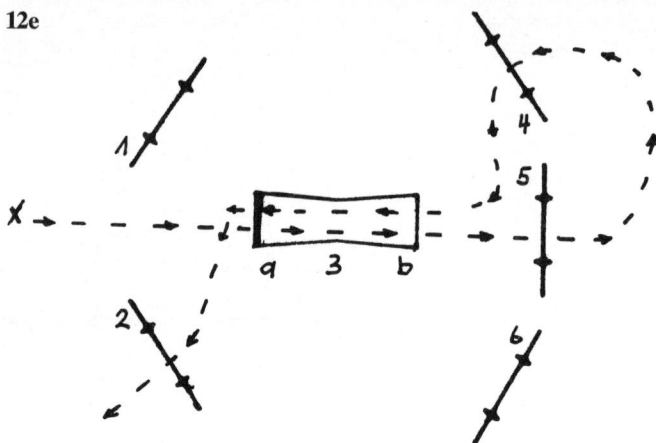

12e

12f H sitzt vor Hürde 2.

HF ruft H über Sprung 2 ab, »rechts« über die Schrägwand 3 (Seite a). »Rechts« über Sprung 6, »links« über Sprung 5 und »rechts« über Sprung 4.

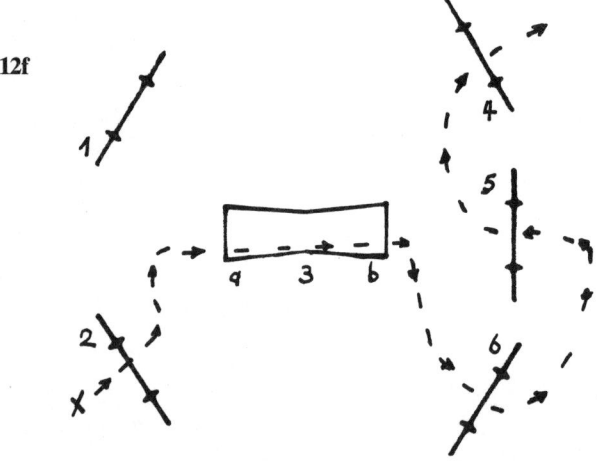

12f

12g H sitzt vor Schrägwand 3 (Seite a).

HF führt den Hund über die Schwägwand 3 (Seite a) und »voran« über Sprung 5. »Rechts« über Sprung 6, »rechts« erneut über Sprung 5 und »links« über Sprung 4. Dann »links« über die Schrägwand 3 (Seite b), von Seite a »links«, »voran« über Sprung 2.

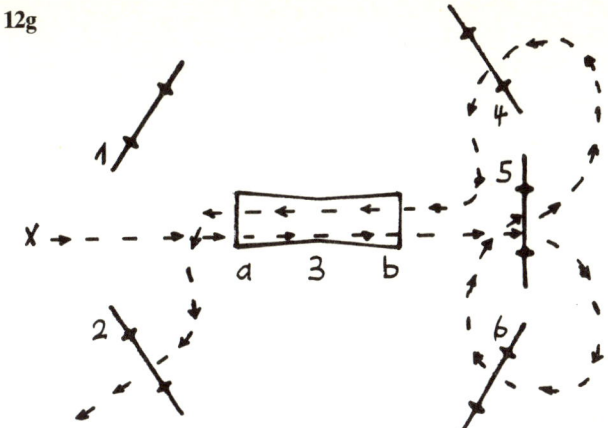

12h H sitzt vor Sprung 1.

HF ruft den H über den Sprung 1 ab, »rechts« über die Schrägwand 3 (Seite a). Auf Seite b »rechts« über Sprung 6, »links« über
Sprung 5, wieder über die Schrägwand 3 (Seite b). Von Seite a
»links«, »voran« über Sprung 2.

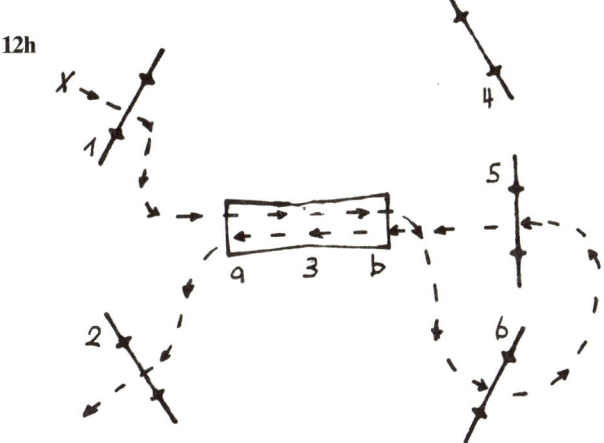

13. Übungen

Kombination Sprünge, Schrägwand und flexibler Tunnel (darauf achten,
daß der Hund stets die Kontaktzonen berührt)

Wie bei allen bisherigen Hindernis-Kombinationen, sind auch hier noch weitere, als die aufgezeichneten Beispiele möglich.

13a Der H sitzt vor Sprung 1.

HF führt ihn über Hürde 1 und über die Schrägwand von Seite a nach Seite b.

»Voran« über den Sprung 5, »links« über Sprung 4, in den flexiblen Tunnel 3 (von Seite B nach Seite A) und »voran« über den Sprung 1.

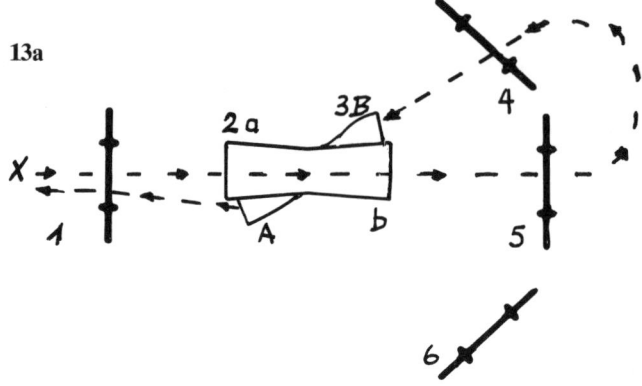

13b Der H sitzt vor Sprung 1.

Der HF führt den H über den Sprung 1 und über die Schrägwand 2 (Seite a nach b).

»Voran« über Sprung 5, »rechts« über Sprung 6, in den flexiblen Tunnel 3, von Seite B nach Seite A und »voran« über Sprung 1.

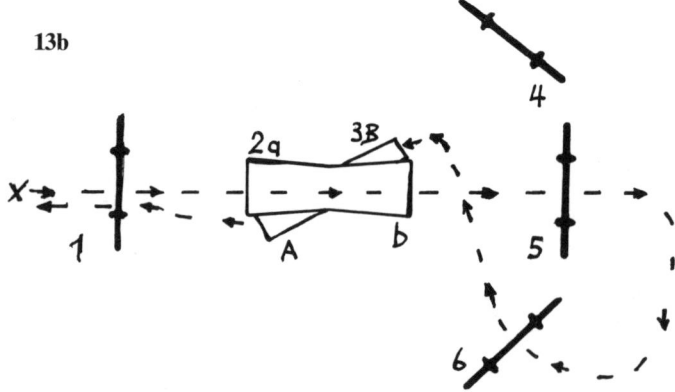

13c H sitzt vor Sprung 1.
Der HF führt ihn über den Sprung 1, in den flexiblen Tunnel 3
(Seite A nach B).
»Voran« über Sprung 4, »rechts« über Sprung 5, »voran« über die
Schrägwand 2 (von Seite b nach a) und über Sprung 1.

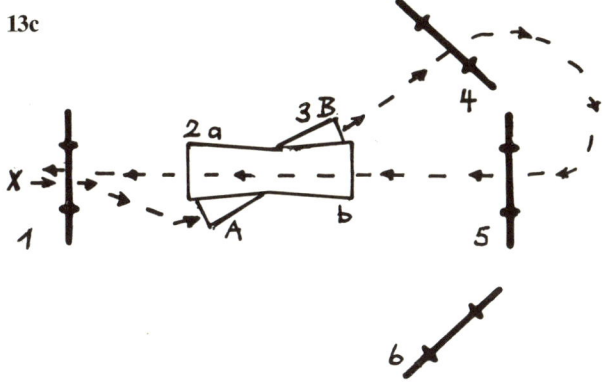

13d H sitzt vor Sprung 1.
Der HF führt ihn über Sprung 1, in den flexiblen Tunnel 3 (von
Seite A nach B).
»Rechts« über die Schrägwand 2 (Seite b nach a) und »links« wieder
in den flexiblen Tunnel 3 (Seite A nach B) und nun »voran« über
Sprung 4.

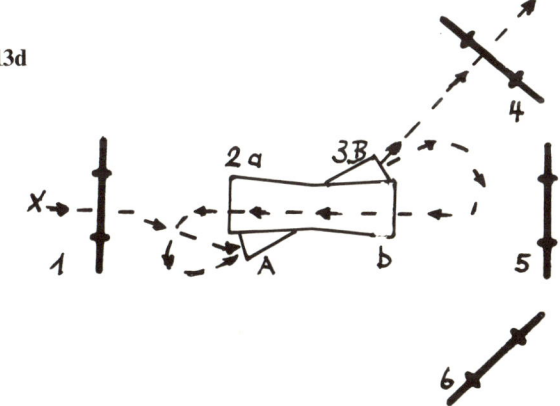

13e H sitzt vor Sprung 1.

Der HF führt ihn über den Sprung 1 und über die Schrägwand 2 (Seite a nach b). »Rechts« über Sprung 6 und »rechts« über Sprung 5. »Voran« wieder über die Schrägwand 2 (Seite b nach a), und »voran« über Sprung 1.

13e

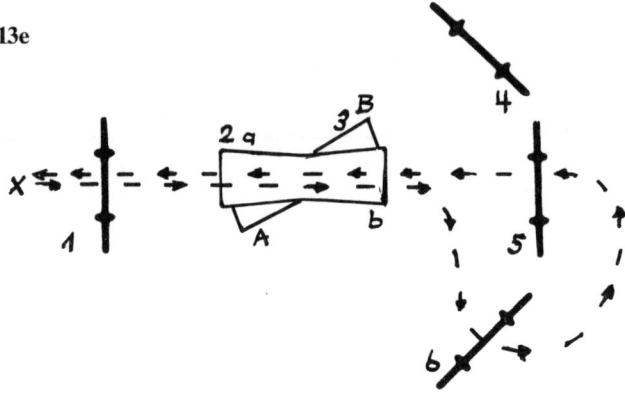

13f H sitzt vor Sprung 1.

Der HF führt ihn über Sprung 1 in den flexiblen Tunnel 3 (Seite A nach B). Dann über den Sprung 5, »links« über Sprung 4, und »links« nochmals über Sprung 5, dann »rechts« über Sprung 6, »links« über die Schrägwand 2 (Seite b nach a) und »voran« über Sprung 1.

13f

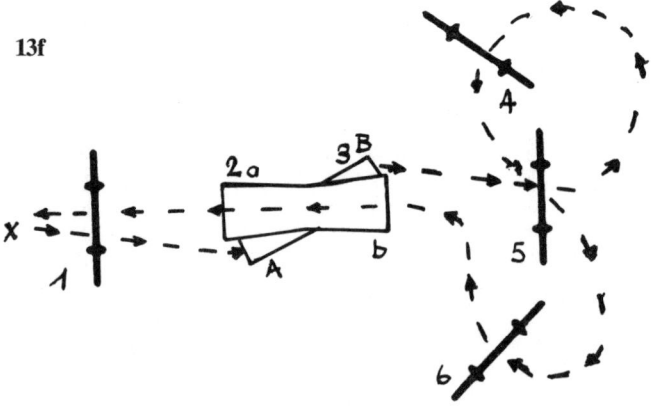

14. Übungen

Kombination Sprünge, Wassersprung, Slalom und flexibler Tunnel

14a Der H sitzt vor dem Sprung 1.
Der HF führt ihn über den Sprung 1 und den Slalom 2 (Seite a nach Seite b), dann »rechts« über die Hürde 4, »rechts« über die Hürde 5, über den Wassergraben 6 und wieder über Sprung 1.

14a

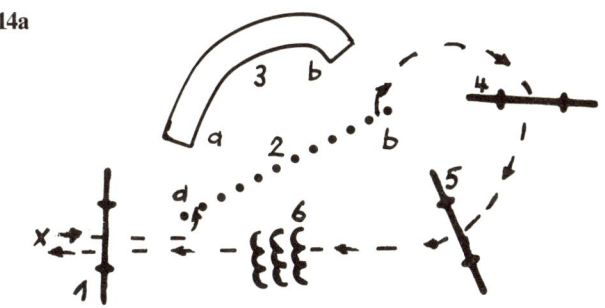

14b Der H sitzt vor Sprung 1.
Der HF führt den H über Sprung 1, »links« in den flexiblen Tunnel 3 (Seite a), nach dem Tunnel »rechts« in den Slalom 2 (Seite b). Dann »links« über den Wassergraben 6, »voran« über die Sprünge 5 und 4.

14b

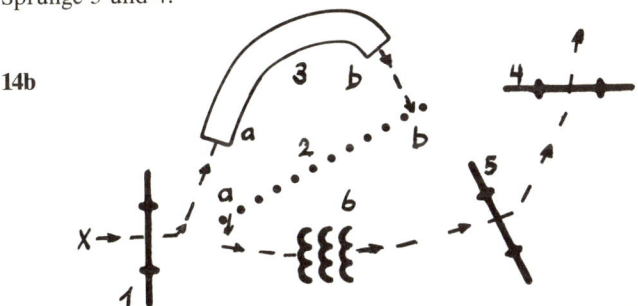

14c H sitzt vor Sprung 1.
Der HF führt den H über Sprung 1, über den Wassergraben 6, über die Sprünge 5 und 4. »Links« in den Slalom 2 (Seite b), dann »voran« über Sprung 1.

14d H sitzt vor Sprung 1.

HF führt den H nach Sprung 1 in den Slalom 2 (Seite a), dann »rechts« über Sprung 4.

»Rechts« wieder in den Slalom 2 (Seite b), nach dem Slalom »links« über den Wassergraben 6, über die Sprünge 5 und 4. Dann »links« in den flexiblen Tunnel 3 (Seite b), nach dem Tunnel »links«, »voran« über Sprung 1.

14d

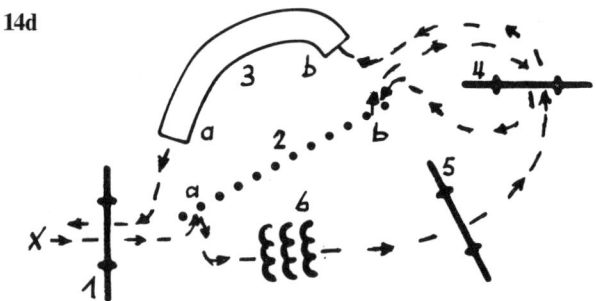

14e H sitzt vor Sprung 1.

HF führt den H über Sprung 1, »links« in den flexiblen Tunnel (Seite a), dann »rechts« über Sprung 4 und »rechts« über Sprung 5. Eine scharfe Wendung »links«, erneut über Sprung 4, »links« in den Slalom 2 (Seite b) und nachher über Sprung 1.

14e

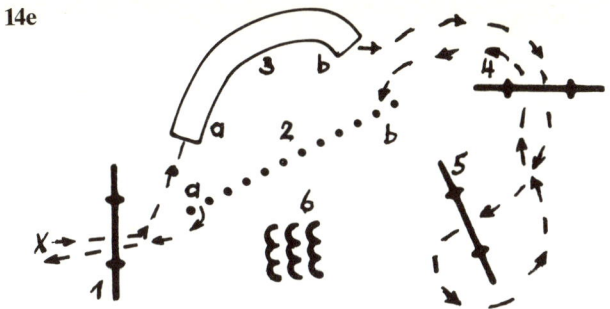

14f H sitzt vor Sprung 1.
Der HF führt den H über Sprung 1, Wassergraben 6 und Sprung 5.
Dann »links« in den Slalom 2 (Seite b), nach dem Slalomausgang
scharf »rechts« in den flexiblen Tunnel 3 (Seite a). Nach dem
Tunnel »rechts« über die Sprünge 4 und 5 »voran«, erneut über den
Wassergraben 6 und Sprung 1.

14f

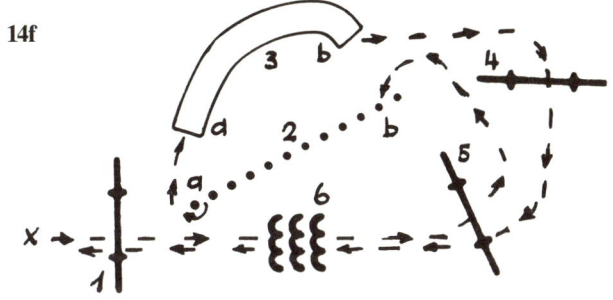

15. Übungen

**Kombination Pausenviereck, Sprünge, Kavalletis, Weitsprung und
Sacktunnel**

Der Weitsprung wird so gestellt, daß er von beiden Seiten her geabeitet
werden kann (zu Übungszwecken hohe Elemente in der Mitte). Diese
Übung beginnt immer aus dem Pausenviereck, dabei ist zu beachten,

daß alle Positionen, nämlich »Steh«, »Sitz« und »Platz« geübt werden.

15a H aus dem Pausenviereck 1 über Sprung 2, über die Kavalletis 3, nach »links« über Sprung 6 und den Weitsprung 4.

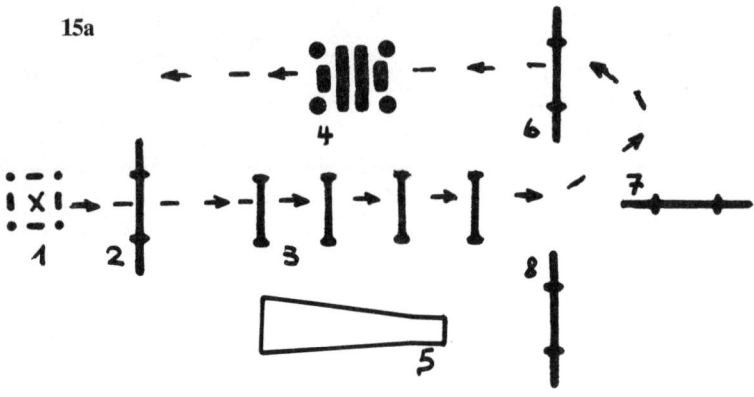

15b Beginn wie 15a. Nach den Kavalletis »voran«, »rechts« über Sprung 7, »rechts« über Sprung 8 in den Sacktunnel 5 und über Sprung 2 ins Pausenviereck.

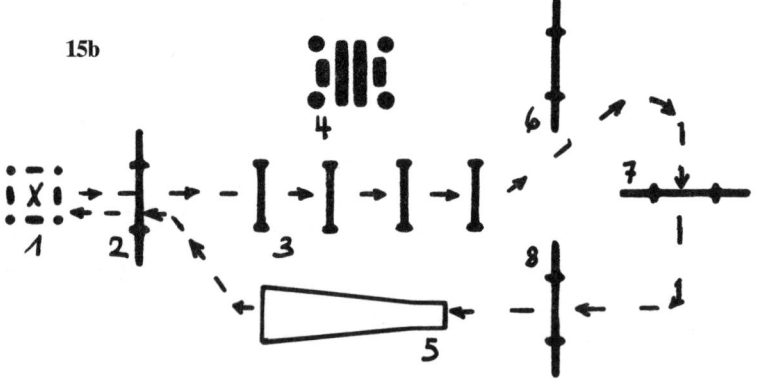

15c Nach dem Pausenviereck über Sprung 2, dann »links« über den Weitsprung 4, Sprung 6, »rechts« über Sprung 7. Wieder »rechts« über die Kavalletis 3 und über Sprung 2 ins Pausenviereck 1.

15c

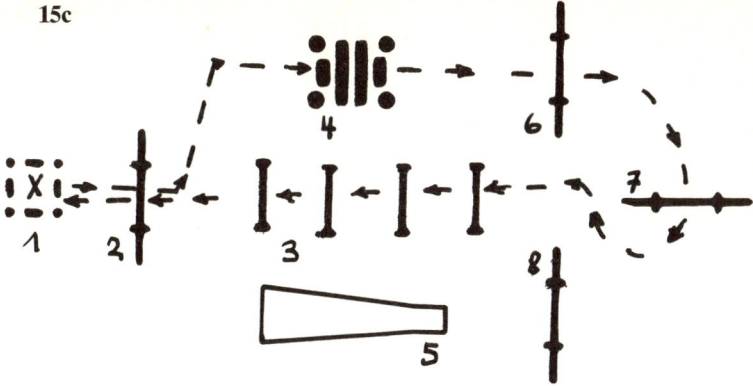

15b Beginn wie 15a. Nach den Kavalletis »rechts« über Sprung 7,
»rechts« über Sprung 8 in den Sacktunnel 5 und über Sprung 2 ins
Pausenviereck.

15d

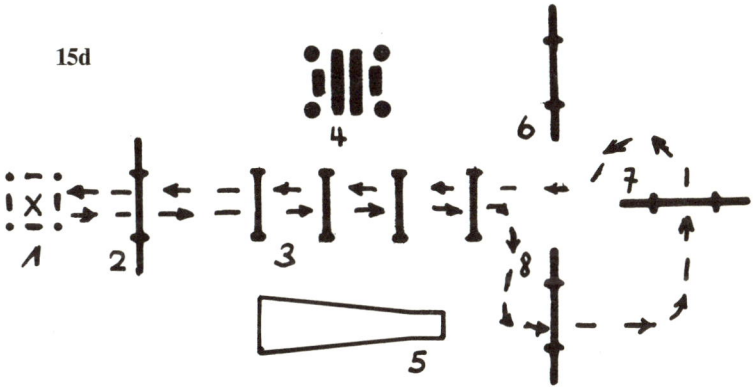

15e Nach dem Pausenviereck über Sprung 2 und Kavalletis 3, dann nach
»rechts« über Sprung 8 in den Sacktunnel 5. Dann über Sprung 2 ins
Pausenviereck 1.

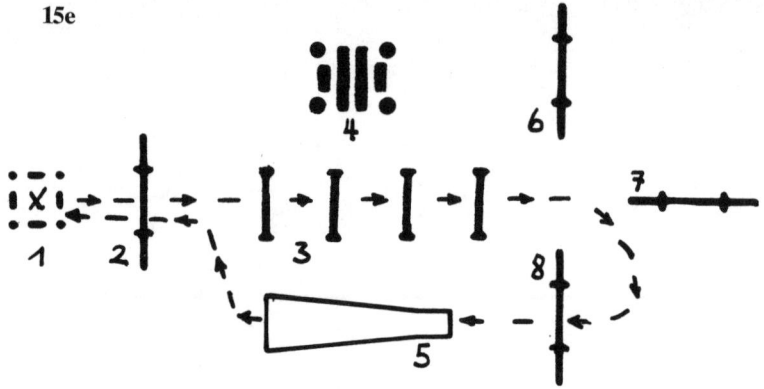

15f Nach dem Pausenviereck über Sprung 2, und Kavalletis 3, dann nach »links« über Sprung 6. Dann wieder über die Kavalletis 3 und Sprung 2 ins Pausenviereck 1.

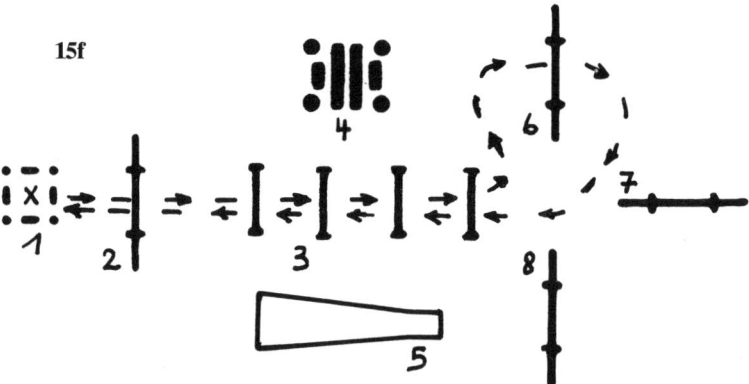

16. Übungen

Kombination Tisch, Pneu, Sprünge, Sacktunnel sowie die Kontaktzonenhindernisse, Wippe und Laufsteg

Auf dem Tisch immer alle Positionen, nämlich »Steh«, »Sitz« und »Platz« trainieren.

16a Nach dem Tisch 1, ist der H durch den Pneu 2 zu schicken. Dann über den Laufsteg 3 (von Seite a), »links« über Sprung 6, Wippe 5, nach »links« durch den Pneu 2 und auf den Tisch 1.

16a

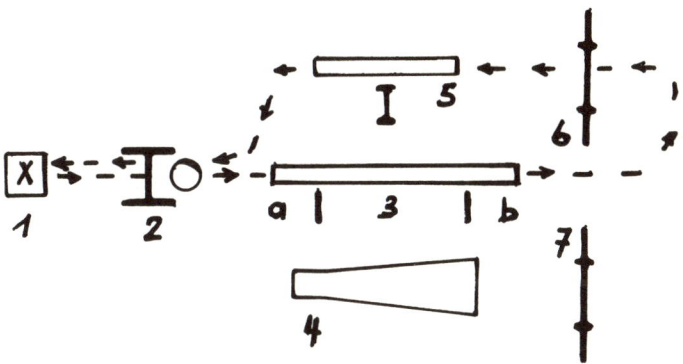

16b Nach dem Tisch 1, ist der H durch den Pneu 2 zu schicken. Dann über den Laufsteg 3 (Seite a), »links« über Sprung 6, nach »rechts« wieder über den Laufsteg 3 (Seite b) und durch den Pneu 2 auf den Tisch 1.

16b

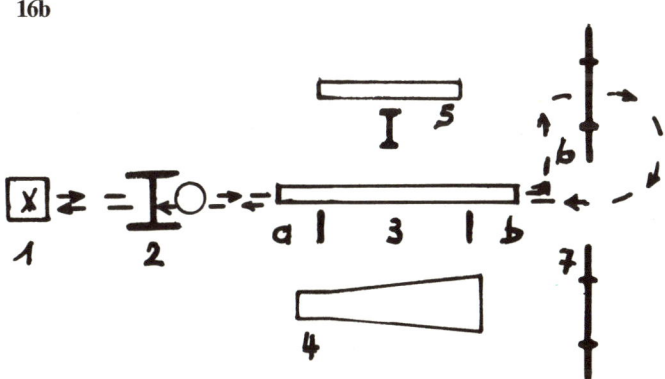

16c Nach dem Tisch 1, ist der H durch den Pneu 2 nach »rechts« in den Sacktunnel 4 zu schicken. Dann über Sprung 7, »links« über den Laufsteg 3 (Seite b) und durch den Pneu 2 auf den Tisch 1.

16c

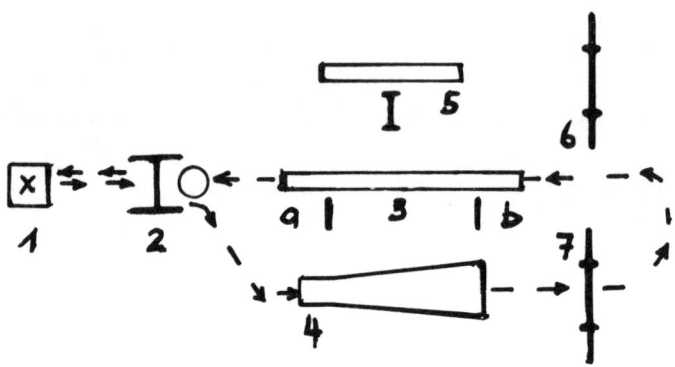

16f Nach dem Tisch 1, ist der H durch den Pneu 2 über den Laufsteg 3 (Seite a) zu schicken. Dann sofort nach »links« über Sprung 6, »rechts« Sprung 7 und »rechts« wieder über den Laufsteg 3 (Seite b), durch den Pneu 2 und auf den Tisch 1 schicken.

16d

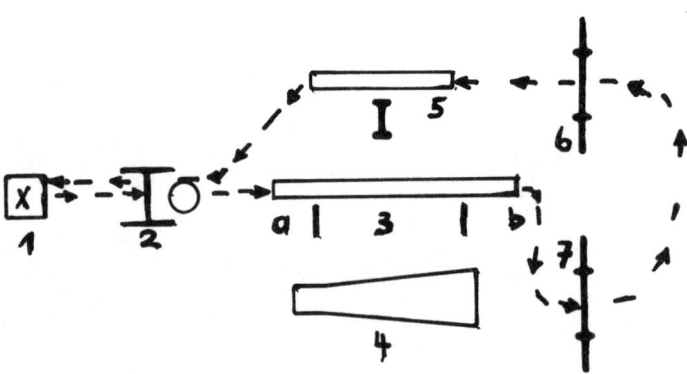

16e Nach dem Tisch 1, ist der H durch den Pneu 2 zu schicken. Dann »rechts« durch den Stofftunnel 4 und Sprung 7. Dann »links« Sprung 6, wiederum »links« über den Laufsteg 3 (Seite b) und durch den Pneu 2 auf den Tisch 1.

16e

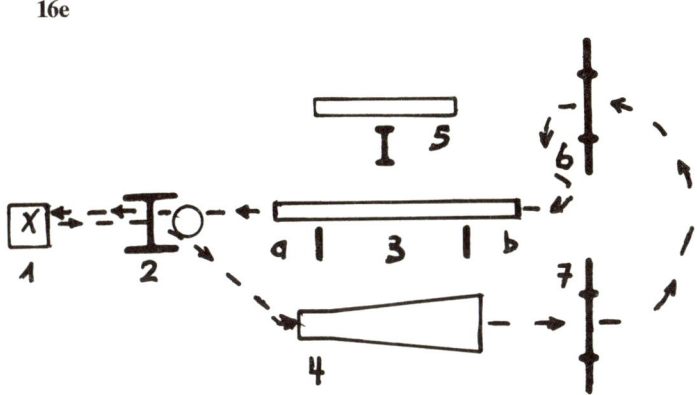

16f Nach dem Tisch 1, ist der H durch den Pneu 2 über den Laufsteg 3 (Seite a) zu schicken. Dann sofort nach »links« über Sprung 6, »rechts« Sprung 7 und »rechts« wieder über den Laufsteg 3 (Seite b), durch den Pneu 2 und auf den Tisch 1 schicken.

16f

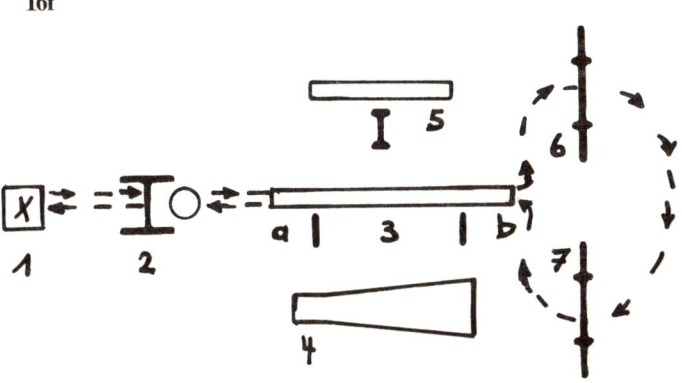

Nur Kombinationen zu trainieren, wäre wohl mit der Zeit zu langweilig. Dazwischen stellen wir Parcours auf, die dem Ausbildungsstand von Agility-1 entsprechen. Trainieren Teile des Parcours, bevor wir den ganzen Parcours absolvieren (s. auch Kapitel Agility für Anfänger, 12. Lektion, S. 62). Auch reine Sprungparcours, also Jumpingparcours, werden von den Kursteilnehmern gerne trainiert. Hier legen wir bei den offenen Sprüngen die Barren unterschiedlich hoch, damit die Hunde besser lernen den richtigen Absprungpunkt zu finden.

Wir sollten immer darauf achten, daß das Training abwechlungsreich und interessant ist. Damit das Training locker und anregend ist, wenden wir uns gelegentlich auch den Spielen zu (s. Kapitel Spiele, S. 138).

2 Parcoursbeispiele Ausbildungsstand Agility-1 (verschiedene Schwierigkeitsgrade):

Agility einfach

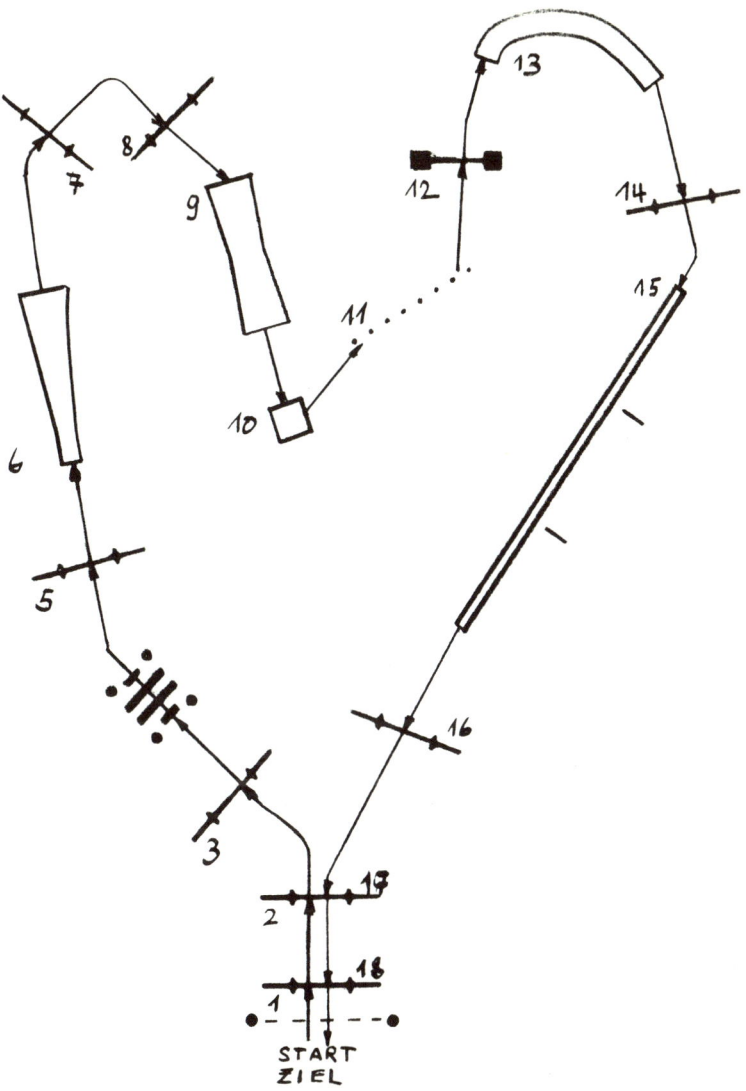

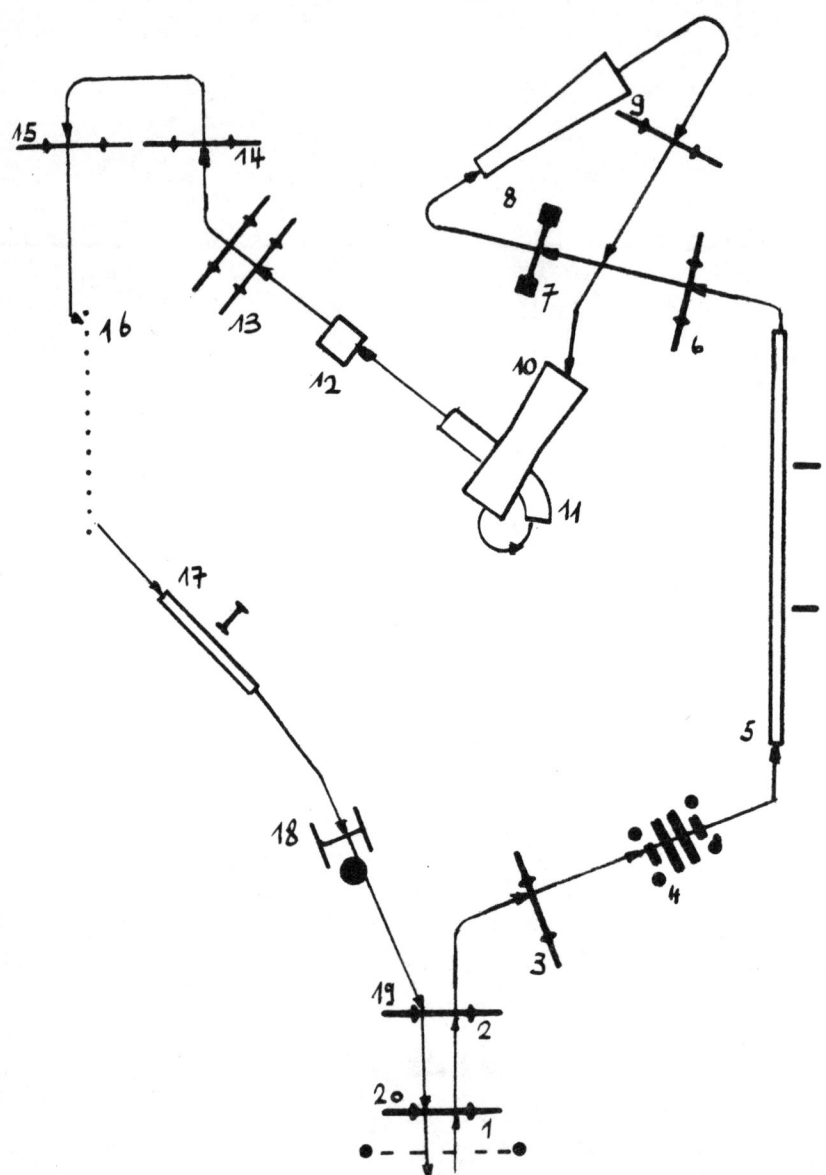

2 Parcoursbeispiele Jumping (verschiedene Schwierigkeitsgrade)

(Jumpingwettbewerbe sind jeweils ohne Kontaktzonenhindernisse, und der Tisch darf nur am Start und/oder am Ziel aufgestellt sein. Im Grunde genommen könnte »Jumping« auch unter Spiele eingereiht werden.)

Jumping einfach

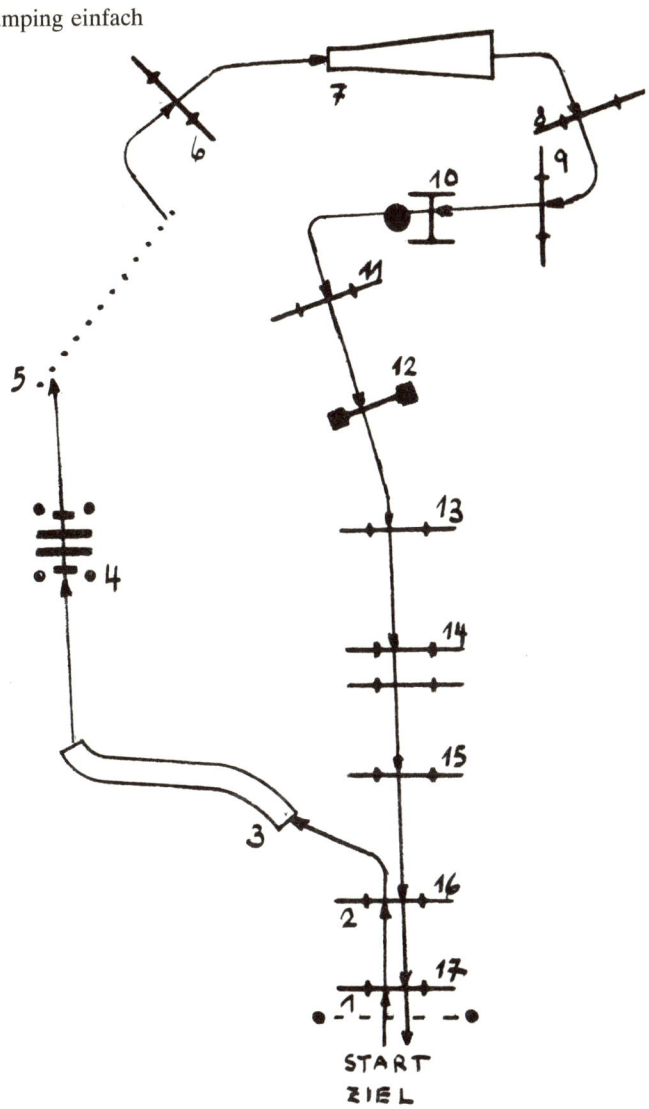

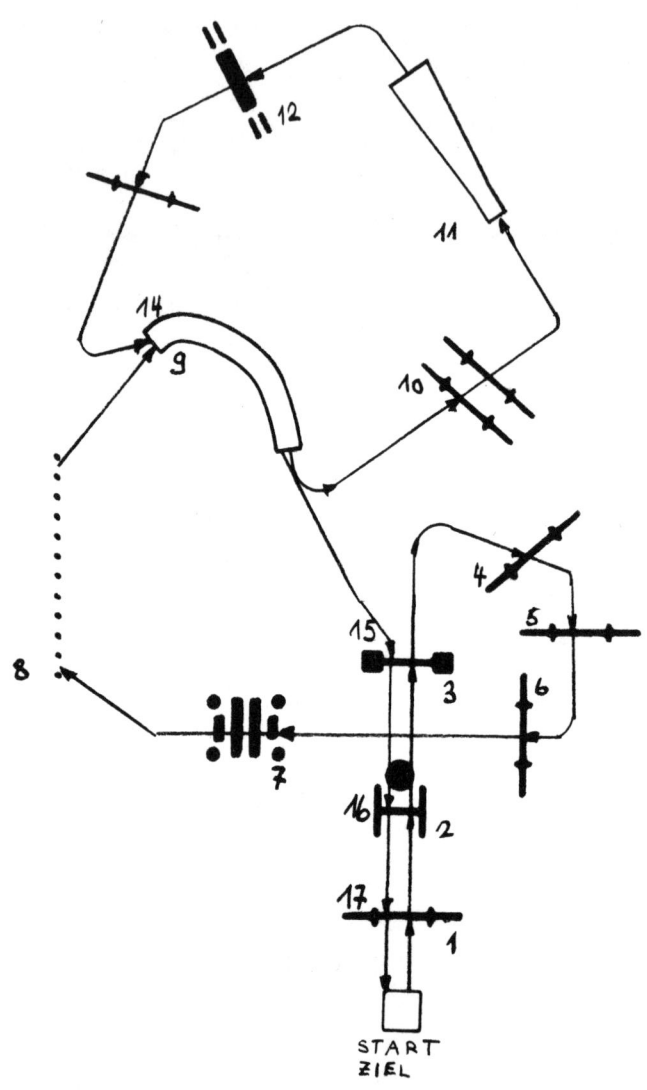

3. Agility 2 = fortgeschrittene Gruppe (Ziel Agility 2-Test und mehr)

Nachdem der Kursteilnehmer den Agility-1-Test (evtl. auch intern) abgelegt hat, kann er in der Fortgeschrittenen-Gruppe mitmachen.

Es ist anzunehmen, daß alle Kursteilnehmer nun Klubmitglieder sind oder schon länger mitmachen. Damit kann auf eine Kurseinführung verzichtet werden. Wir sollten dennoch gelegentliche Diskussionsrunden abhalten, hin und wieder gute Videos zeigen oder auf gute kynologische Bücher hinweisen. Wir sollten unbedingt darauf achten, daß im Klub und unter den Agility-Sportlern ein gutes Einvernehmen besteht, und daß die Hundehaltung in Ordnung ist. Wir gehen möglichst zusammen an Wettbewerbe, und der Trainer fördert und unterstützt seine Mannschaft. Wenn wir gute Agility-Sportler sein wollen, sind wir fair gegenüber anderen Agility-Sportlern, deren Hunden und auch gegenüber den Trainern (s. Kapitel der Agility-Gedanke, S. 167).

Wir legen in diesem Kapitel das Ausbildungsgewicht auf das Training von Schwierigkeitsgraden und Verleitungen. Wir stellen den Hunden bewußt Verleitungsfallen. Es ist wichtig, daß das Training abwechlungsreich und interessant gestaltet wird, um das Zusammenspiel zwischen Hund und Mensch zu optimieren und die Sicherheit zu fördern. Wir legen Wert auf ein klar aufgebautes Training und überlegen uns bei allfälligen Korrekturen auch die Konsequenzen, die jeweils mit dem Hundebesitzer zu besprechen sind.

Mit den Kursteilnehmern wird die Ausarbeitung der jeweiligen Parcours und Parcours-Sequenzen detailliert besprochen, also vor allem die Richtungs- und Seitenwechsel. Es ist darauf zu achten, daß sich eine Hilfsperson bei den Verleitungsfallen befindet, um dem weniger führigen Hund den allfällig falsch eingeschlagenen Weg zu blockieren.

Jetzt wird es notwendig, daß die Agility-Sportler mit einem mentalen Training für das Einprägen der Parcours beginnen.

Training von Verleitungen
Nachfolgend einige Beispiele. Es wurde bewußt allmählich auf eine umfassende Beschreibung verzichtet, da der aufmerksame Leser nun wissen sollte, auf was er zu achten hat. Er sollte dem Trainingsgang nun auch so folgen können. Beim Beispiel 1.5 geht es darum, die verschiedenen Varianten zu trainieren, um den Hund nur auf das entsprechende Kommando in die Tunnels schicken zu können. Bei den Beispielen 1.6 bis 1.16 sind immer mehrere Wege vorgegeben. Die Ziele sind entsprechend mit a – d bezeichnet.
Bei diesen Übungen sollte der HF seine Position oft wechseln, um mit

dem Hund das »Abrufen« und »Voranschicken« über die Hindernisse zu trainieren. Gleichzeitig können die verschiedenen »Sitz-«, »Platz-« und »Stehpositionen« trainiert werden.

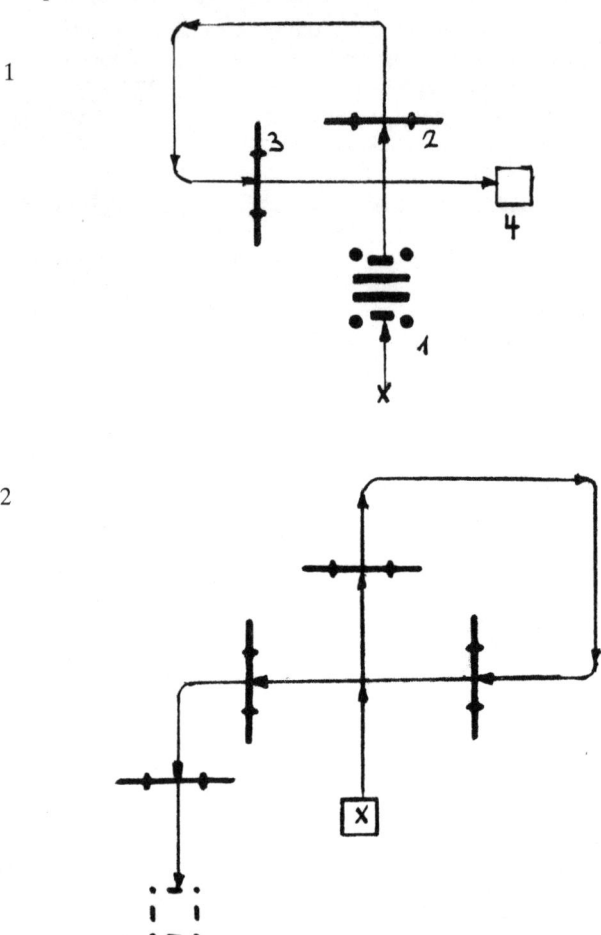

3

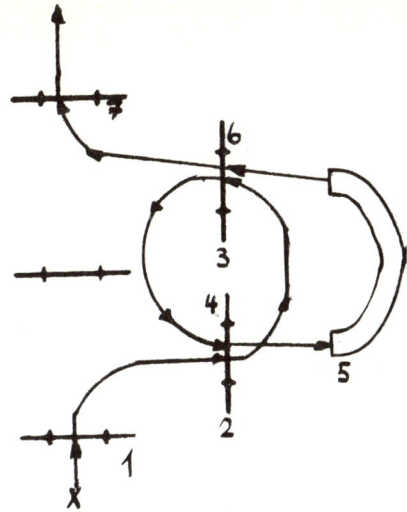

4

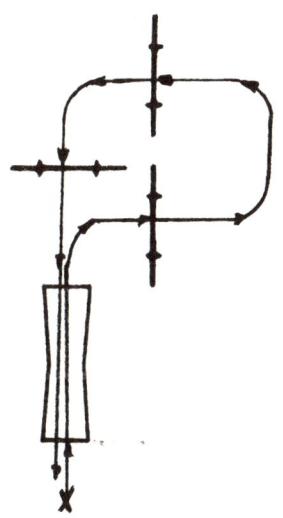

5

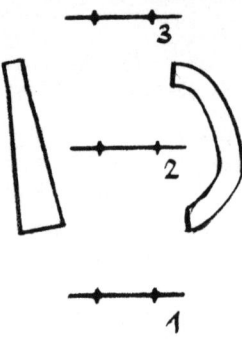

6

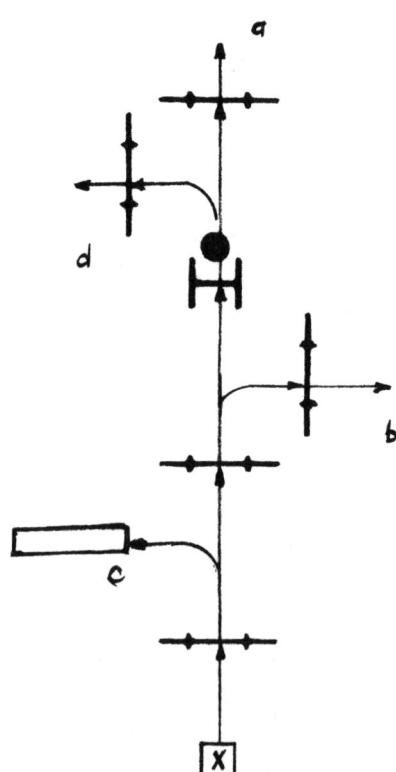

7

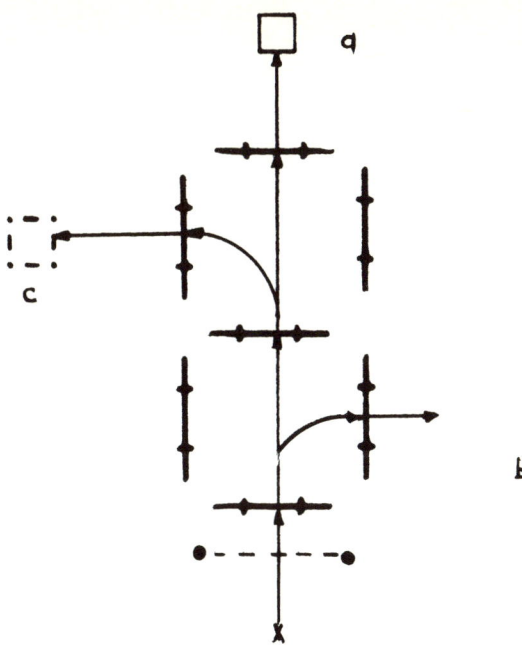

a

c

b

x

8

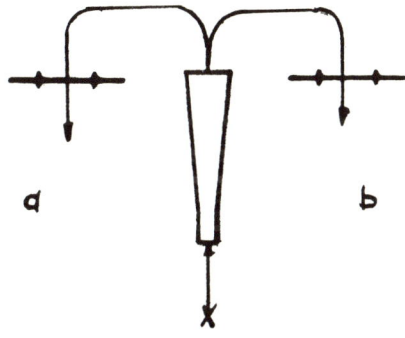

a

b

x

9

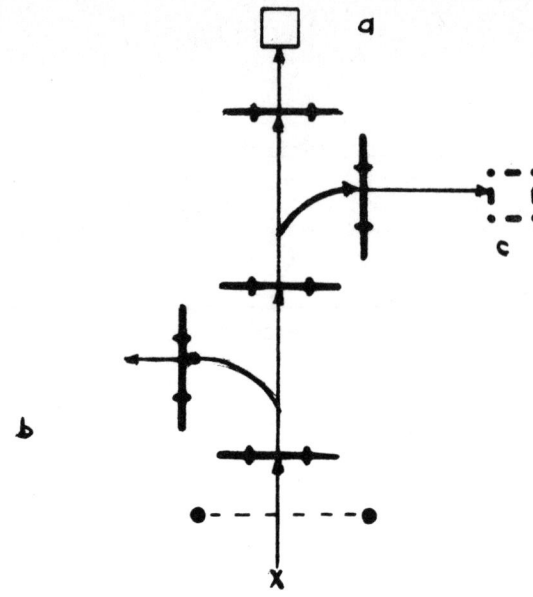

10

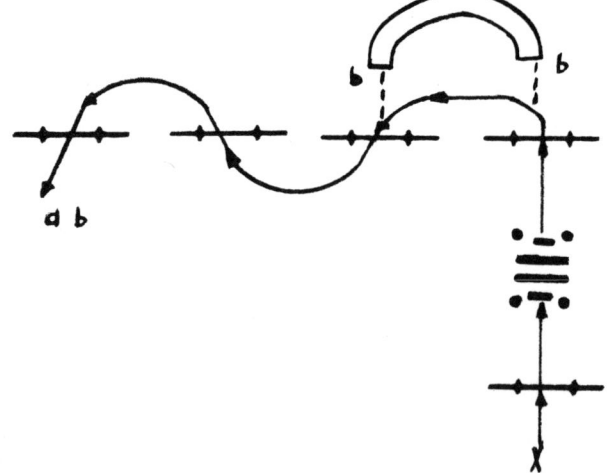

11

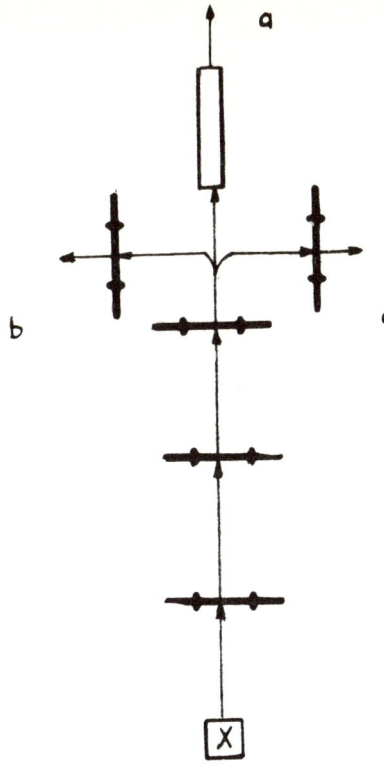

a

b   c

X

12

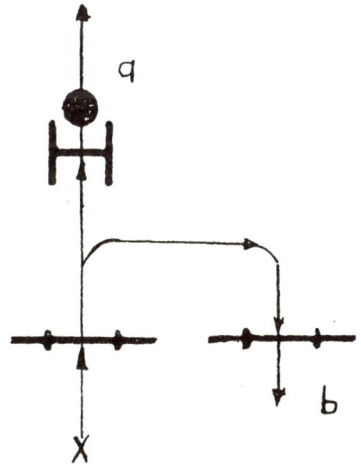

q

X   b

13

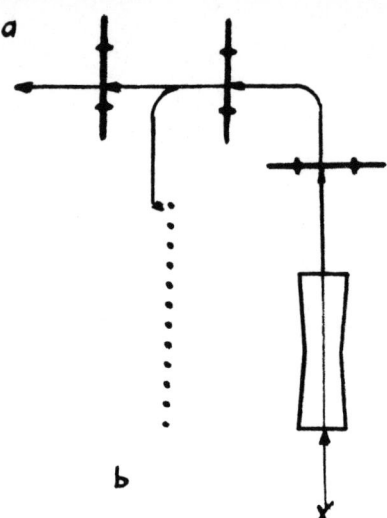

a

b

x

14

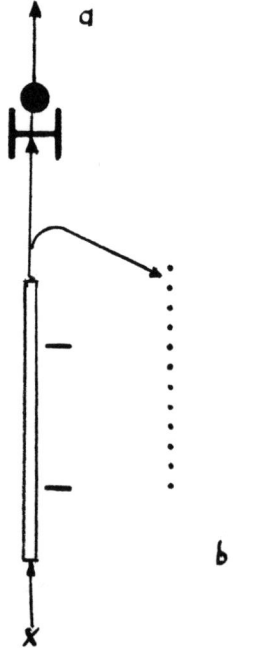

a

b

x

15

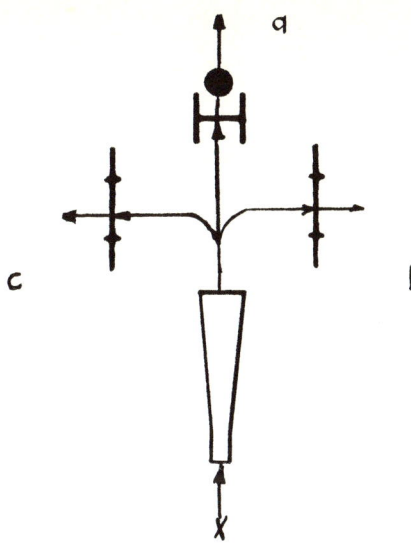

a

c   b

X

16

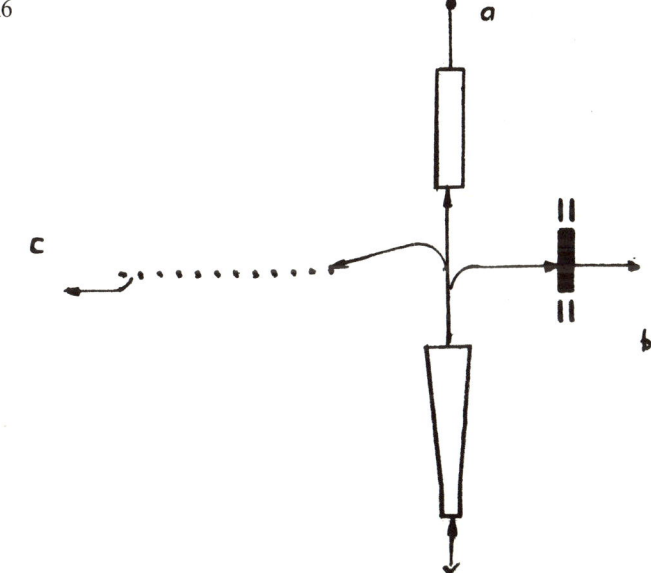

a

c

b

X

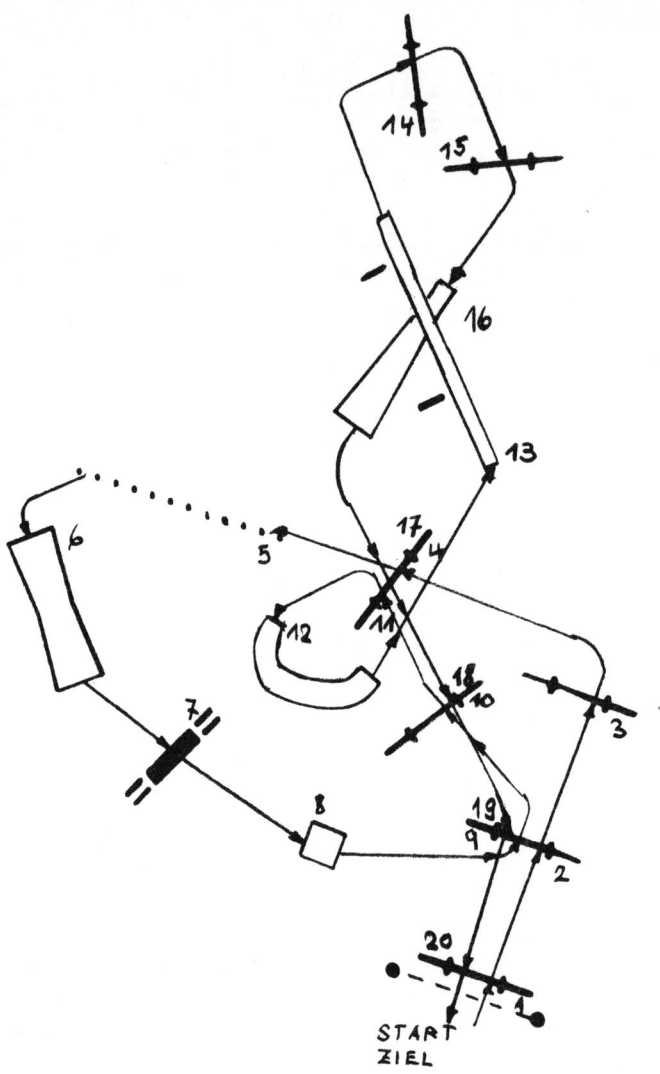

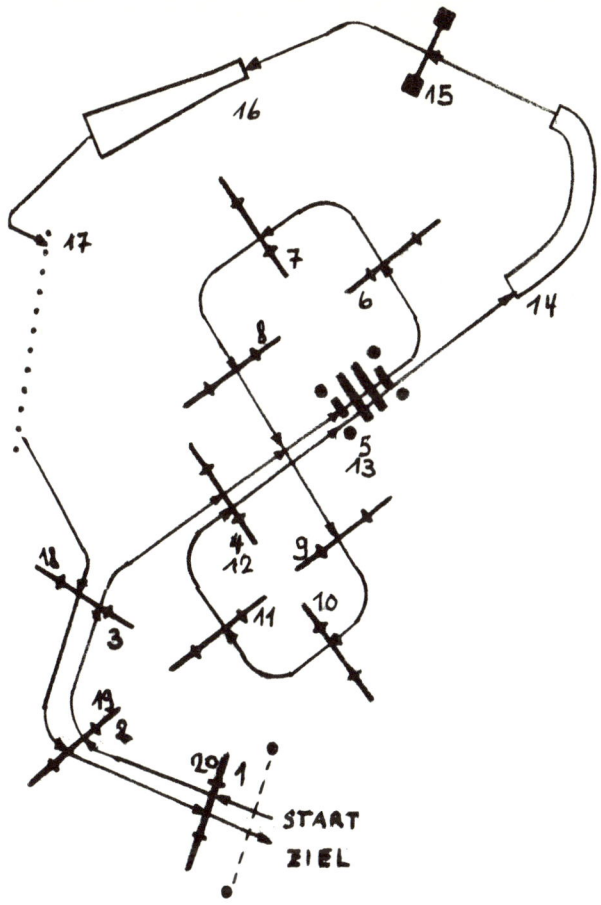

Die Trainingsvorlagen dieses Kapitels wurden vom französischen Trainer Georges Vurpillot ausgearbeitet und uns zur Verfügung gestellt.

Free-Style

Free-Style bedeutet, den Hund soweit als möglich allein über den Parcours zu schicken und ihn nur mit Kommandos und Zeigen zu leiten.

Alles redet in der letzten Zeit von Free-Style. Diese Methode ist aber eigentlich nichts anderes als die logische Folge des Trainings, auf die jeder engagierte Agilitysportler früher oder später selbst kommt. Auch in Frankreich wird diese Arbeit schon seit geraumer Zeit gepflegt und mit »Commander à distance« bezeichnet. Auch wir kennen bereits diese Arbeit, denn unbewußt haben wir sie schon in der 3. Lektion des Grundkurses angewandt (S. 41).

Der eindrücklichste Praktikant von Free-Style dürfte bis heute der Franzose Georges Vurpillot mit seinem »Capitaine« sein. »Capitaine« ist bereits im Alter von 5 Jahren in Frankreich Legende. Dieser Bouvier des Flandres ist einer der besten Agility-Hunde seines Landes. Capitaine ist fähig, einen Parcours nur auf Georges' Kommandos und Sichtzeichen zu absolvieren. Dabei ist zu bemerken, daß Georges jedesmal andere Parcours stellt und sich in der Mitte des Agility-Parcours auf einer Fläche von nur etwa 20 m^2 bewegt und von dort aus seinen Hund dirigiert. Dieser Hund kennt alle Bezeichnungen der Agility-Hindernisse, er weiß was rechts und links, voran und retour ist, er weiß auch, was er tun muß, wenn er vom Meister die Kommandos »tour« und »demi-tour« (»à droîte« und »à gauche«) bekommt. Free-Style wird jedoch nach Meinung von Georges nicht »die Zukunft« sein, da ein Hund freudiger geht, wenn der Meister mit ihm springt, ihn lobt und ermutigt. Somit ist es nämlich auch für ihn ein Wettbewerb mit seinem Meister, und er schätzt dies mehr, als wenn er mit Kommandos auf Distanz geleitet wird.

Ein Parcoursbeispiel »Free-Style«, 1991 fehlerlos ausgeführt in Salouf durch den Bouvier des Flandres »Capitaine« mit seinem Meister Georges Vurpillot (Abbildung auf der rechten Seite).

Position des HF während des ganzen Parcours = 0
(Free-Style-Parcours s. S. 137)

Die zwei Anhaltezonen

Der Tisch
Im Agility 2 werden die Positionen Sitz, Platz oder Steh vom Richter ausgelost.

Das Pausenviereck
Zum Anlernen brauchen wir im Aufbau manchmal noch die Leine als Hilfsmittel.

Viadukt oder Mauer

Korrekt übersprungenes Hindernis mit richtigem Zeigen.

Der Weitsprung. Langgestreckt überfliegt dieser Hund das Hindernis.

Der Wassergraben

Klare Zeichen und korrektes Kommando lassen den Hund die Arbeit richtig ausführen.

Der Pneu

Dem Pneu ist im Aufbau größte Beachtung zu schenken, damit der Hund Vertrauen zu diesem Hindernis bekommt.

Korrekter Pneusprung.

Die 3 Kontaktzonenhindernisse

1. Die Schrägwand
Für kleinere Hunde ist der Weg nach oben ziemlich anstrengend.

Die gesenkte Wand erleichtert dem Hund am Anfang den Aufstieg. Ein Warte-
kommando bremst den Hund und verhindert den Kontaktzonenfehler.

Das Zeigen der Kontaktzonen verhindert das Überspringen derselben.

Der Laufsteg

Wie bei allen Kontaktzonenhindernissen ist auch hier Geduld geboten. Trainer und Hundebesitzer helfen anfänglich dem Hund.

Die Wippe

Der Hundebesitzer hilft seinem Hund anfänglich beim Kipp-Punkt.

Jugend unter den wachsamen Augen des Agilitytrainers und Richters Ruedy Steiner.

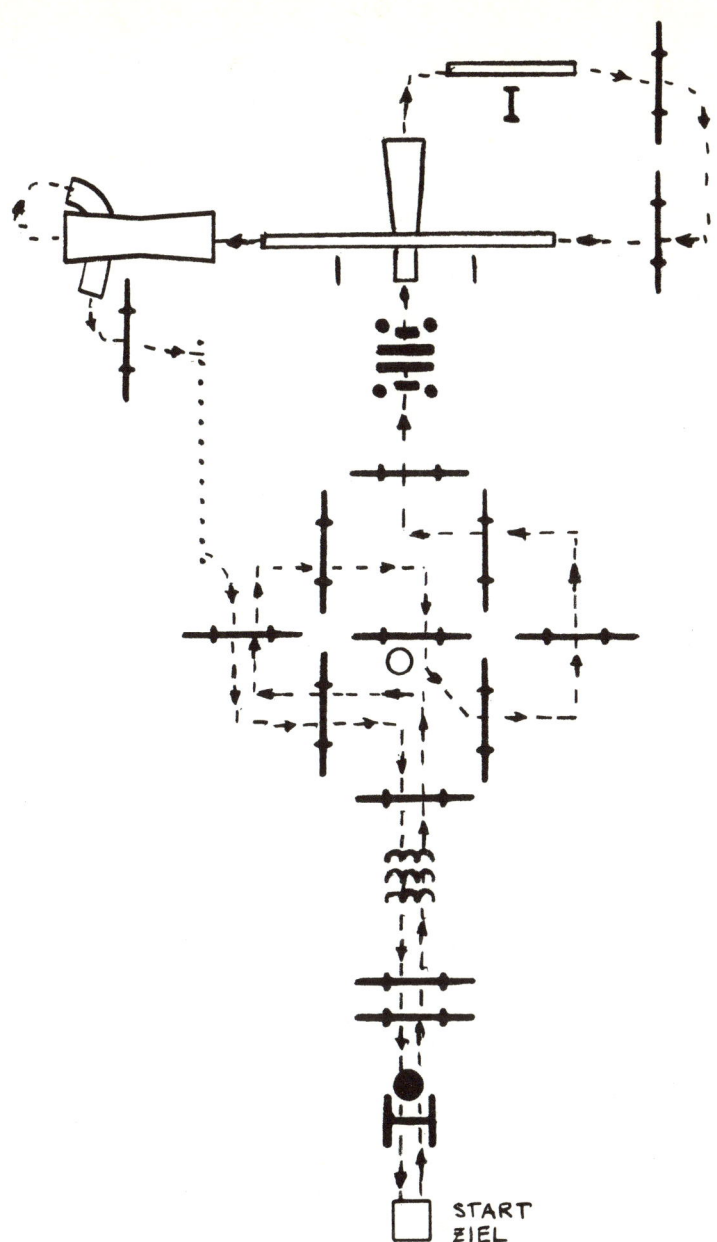

START
ZIEL

137

Spiele

(Spiele bei denen zwei Hunde zur gleichen Zeit auf dem gleichen Parcours arbeiten, unterstützen wir nicht, denn diese können gefährlich werden und sind, wenn sich die Hunde nicht kennen, unverantwortlich.)

Der Einfallsreichtum der Agilitysportler ist enorm, und es werden weitere, lustige Spiele entstehen. So lange diese nicht gefährlich sind und die Hunde nicht überfordert werden, ist dagegen nichts einzuwenden.

Wir stellen hier ein paar Spiele vor. Diese können als Vorlagen aufgefaßt und nach eigenem Gutdünken abgeändert werden. Wichtig ist jedoch immer, daß die Regeln klar definiert sind.

1. »Plausch-Wettbewerb«

Der HF startet mit seinem Hund und führt ihn links über den Parcours zum Eimer. Er führt den Hund rechts und zurück zum Ausgangspunkt (Ziel). Beim Eimer muß der Hund die Wurst aus dem Wasser apportieren und über den Parcours zurücktragen. Zur Belohnung darf der Hund die Wurst dann fressen – wenn sie noch da ist und sonst eben »e guete Appetit«!

Zeit und Fehlerpunkte werden wie bei Agility-Wettbewerben gewertet. Frißt der Hund an der Wurst, bevor er im Ziel ist, erhält er 10 Sekunden Zeitzuschlag, für die ganze Wurst 30 Sekunden.

● Dieser Plausch-Wettbewerb kann mit jeweils 2 Teams, sofern mehrere Teams teilnehmen, auch als Stafette durchgeführt werden.

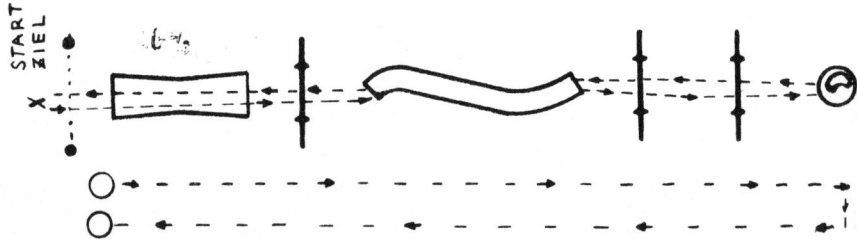

2. »Plausch-Wettbewerb«

Wir beginnen den Parcours normal mit Hund. Wir legen den Hund in die Barrikade Nr. 5, die wir mit Teilen des Viadukts hergestellt und auf die wir vorher ringsherum »Wursträdli« gelegt haben. Der Hundeführer nimmt einen beim Hindernis deponierten Stafetten-Stab auf, hüpft auf einem Bein hin und zurück über die Kavalletis, während der Hund in eine der Positionen »Steh«, »Sitz« oder »Platz« (je nachdem wie es bestimmt wurde) gestellt, gesetzt oder gelegt wurde (der Hund darf unterdessen keine »Würstli« stehlen), deponiert den Gegenstand wieder an Ort, nimmt den Hund zu sich und beendet den Parcours bis ins Ziel.

Zeit und Fehlerpunkte werden wie bei Agility-Wettbewerben gewertet. Pro gefressenes Wursträdchen = 5 Sekunden Zeitzuschlag. Es gilt zu berücksichtigen, daß hier auch der Meister Fehler machen kann.

Statt der Kavalletis kann auch der Slalom gestellt werden, den der Hundeführer regelkonform zu durchlaufen hat.

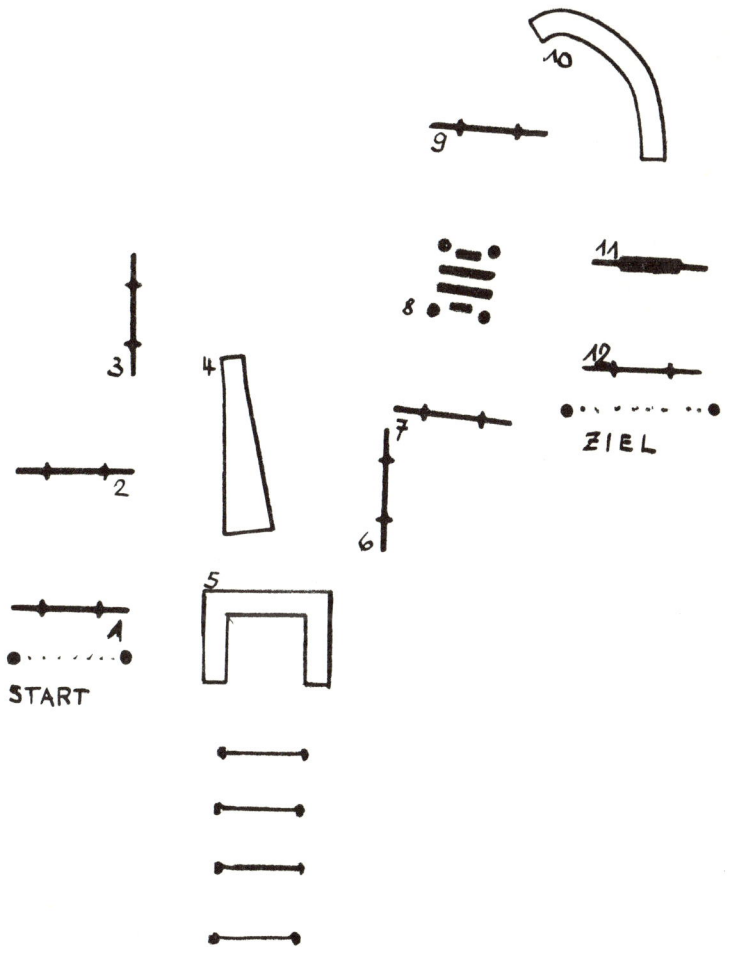

3. Rund um die Uhr

Dieses Spiel kann mit beliebig vielen Hindernissen ausgeführt werden.

Gestartet wird in der Mitte beim Pfosten oder je nachdem außen auf dem Tisch oder im Pausenvierck. Es werden nun alle Hindernisse der Reihe nach von innen nach außen absolviert (bei den Fortgeschrittenen können die Parcoursnummern auch einmal durcheinander aufgestellt sein). Nach jedem erfolgreich absolvierten Hindernis muß der Hund in die Mitte und von dort aus um den Pfosten herum geführt werden (Richtung egal). Dann folgt das nächste Hindernis usw.

Für Fehler erfolgt ein Zeitzuschlag von 5 Sekunden, Verweigerungen/Refus müssen mittels einem Zeitzuschlag von 10 Sekunden bewertet werden. Nach 3 Verweigerungen/Refus wird der Parcours abgebrochen. Nach dem letzten Hindernis wird der Hund neben dem Mittelpfosten ins »Platz«, »Sitz« oder »Steh« gelegt resp. gesetzt oder gestellt und jetzt wird die Zeit gestoppt.

Sieger ist das Team mit der kürzesten Gesamtzeit.

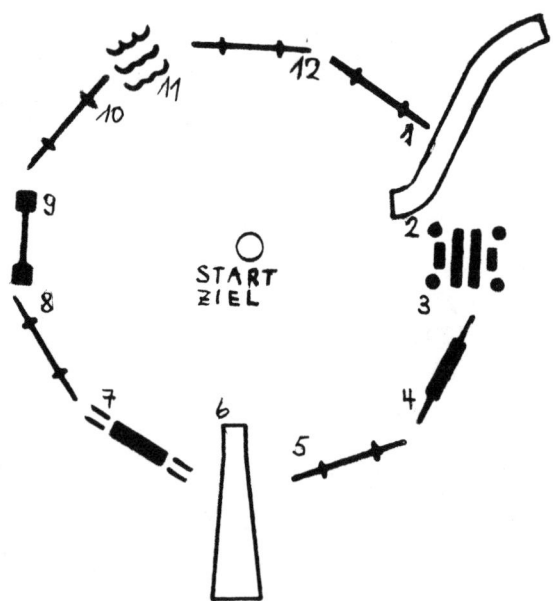

4. Relais/ Stafette

1. Regeln für 2 Teams:

2 Teams (1 Team besteht aus je 1 HF und 1 H) bilden eine Mannschaft. Beim ersten Team steht der HF mit dem Stafetten-Stab in der Hand am Start beim Tisch, der Hund befindet sich auf dem Tisch (Position ist egal). Das erste Team absolviert die Hindernisse 1.1–10.1, legt nach der Zielpassage den Stafetten-Stab auf den Tisch. Nun startet das Team Nr. 2 die Hindernisse 1.2 – 9.2 bis ins Ziel. Die Stoppuhr läuft für beide Teams.

Zeit und Fehlerpunkte werden wie bei Agility-Wettbewerben gewertet (3 Refus = Abbruch).

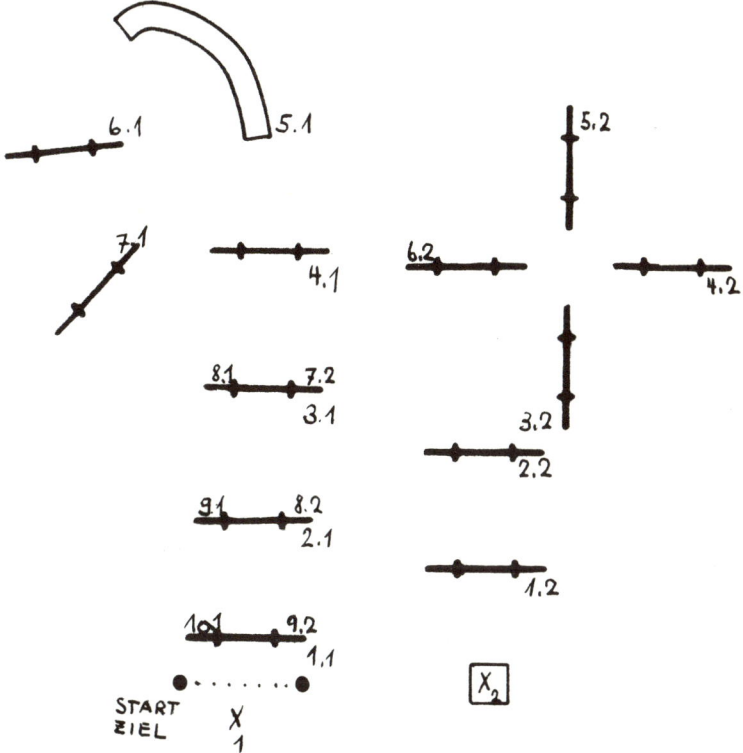

2. Regeln für 4 Teams:

4 Teams (1 Team = je 1 HF und 1 H) bilden eine Mannschaft. Alle 4 Teams absolvieren denselben (nicht zu langen) Parcours (10 – 14 Hinder-

nisse). Als Start und Ziel ist der Tisch am besten geeignet.

Der erste HF nimmt den Stafetten-Stab vom Tisch auf und startet mit dem auf dem Tisch positionierten Hund. Nach Beendigung seines Parcours rennt er mit dem Hund am Tisch vorbei, übergibt den Stab dem HF des bereitstehenden nächsten Teams (H auf dem Tisch, HF neben dem Tisch) usw. Die Zeit zählt für alle 4 Teams und wird gestoppt, wenn beim 4. Team der Hund mit mindestens einer Pfote den Tisch berührt.

Es zählt die Gesamtzeit aller 4 Teams plus Fehlerpunkte. Bei Refus gibt es Fehlerpunkte, aber keine Ausschlüsse. Für die Rangierung gelten die sonst üblichen Agility-Regeln.

5. Gambler oder Punktesammler:

Im Prinzip kann bei diesem Spiel der Weg selbst gewählt werden.

Start ist jedoch vom Tisch, dann müssen die 2 (oder evtl. 3) Sprünge vor dem Tisch überquert werden. Jetzt ist der Weg frei wählbar. Es gilt in der vom Richter festgelegten Zeit (ca. 1 Minute) möglichst viele Punkte zu sammeln (siehe notierte Punktezahl auf dem Plan).

10 Sekunden vor der vom Richter festgelegten Zeit pfeift dieser. Gelingt es dem Team in dieser Zeit den sogenannten Joker zu springen (die 2 oder evtl. 3 Sprünge vor dem Tisch) und zur festgelegten Zeit mit mindestens einer Pfote auf dem Tisch zu sein, dann gewinnt das Team zusätzlich 20 Punkte.

Bei Fehler oder Verweigerungen gibt es am betreffenden Hindernis keine Punkte, es kann jedoch weitergearbeitet werden. Jedes Hindernis von 2 Punkten und mehr, darf im Maximum 2mal richtig überquert werden. Nach jedem richtigen Passieren eines Hindernisses von mehr als einem Punkt muß zuerst ein Sprung überquert werden, bevor das nächste Hindernis in Angriff genommen wird.

Sieger wird das Team, welches in der festgelegten Zeit am meisten Punkte gesammelt hat.

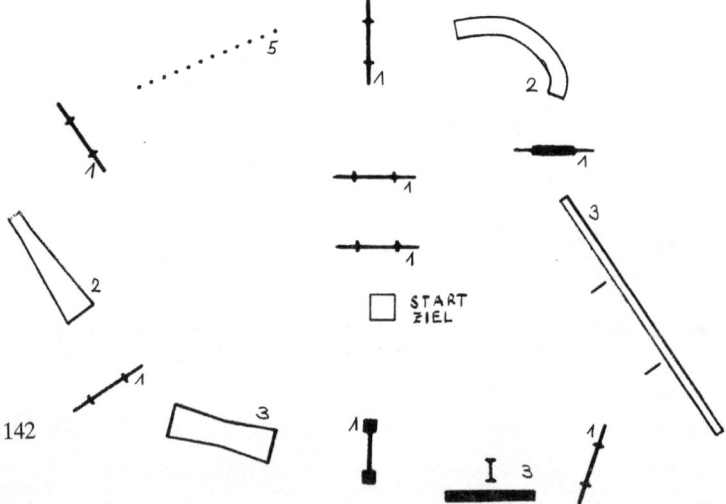

6. Snooker

Für den ganzen Parcours wird die Zeit vom Richter vorgegeben. 10 Sekunden vor Ablauf der Zeit pfeift dieser. Der Hund muß innerhalb von 10 Sekunden mit mindestens einer Pfote auf dem Tisch sein, damit die bisher gesammelten Punkte zählen. Jedes Hindernis darf nur einmal überquert werden. Passiert ein Fehler, muß der Hund sofort auf den Tisch. Dabei ist nicht vorgeschrieben von welcher Seite ein Hindernis gearbeitet werden muß. Die Reihenfolge aber ist teilweise festgelegt:

Zuerst das Hindernis 1, dann 7 oder 8,

und zweites Hindernis 1, dann 7 oder 8,

und drittes Hindernis 1, dann 7 oder 8 und

dann die Hindernisse 2, 3, 4, 5, 6, 7, 8 und Tisch.

Mit römischen Zahlen sind auf der Zeichnung die Punkte angegeben, die man für das richtige Passieren bekommt. Im Maximum sind 72 Punkte in der vorgegebenen Zeit zu erreichen.

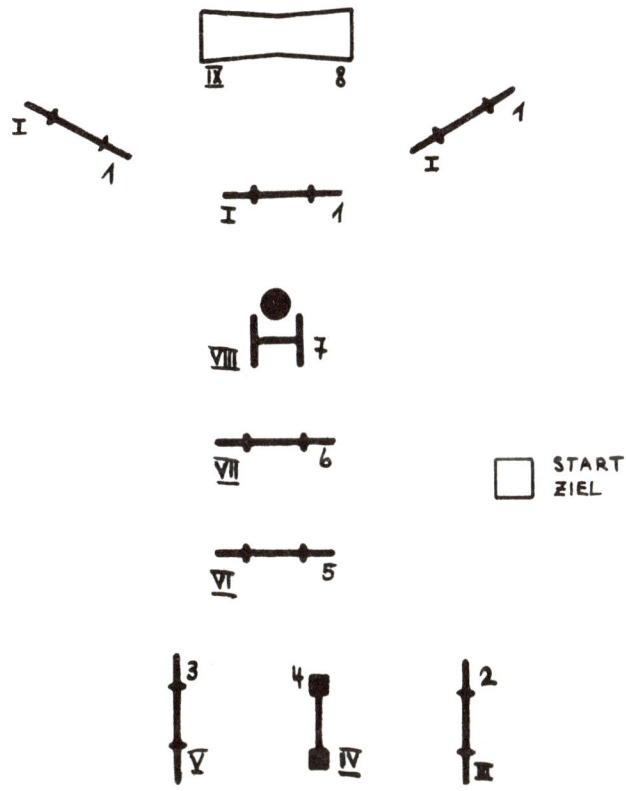

143

7. Knock-out / Americaine (Ausscheidungsrennen)

Wir stellen zwei identische Parcours (mit oder ohne Kontaktzonen) auf. Mit den gemeldeten Teams werden je 2 Paarungen ausgelost, die gegeneinander anzutreten haben. Der Verlierer unter Berücksichtigung von Zeit und Fehlern scheidet aus, der Sieger kommt in die nächste Runde. Der Einsatzplan muß mit teilweise Freilosen so organisiert werden, daß auf einer Stufe eine gerade Zahl von Paarungen entsteht, also:

Final	2 Teilnehmer
Halbfinal	4 Teilnehmer
Viertelsfinal	8 Teilnehmer,

dann 16, 32, 64 usw. Teilnehmer.

Um auf diese Teilnehmerzahlen zu kommen, müssen evtl. Eliminationsläufe ausgeführt oder die Teilnehmerzahl entsprechend beschränkt werden.

Sieger ist das Team, das den Final erreicht und gewinnt.

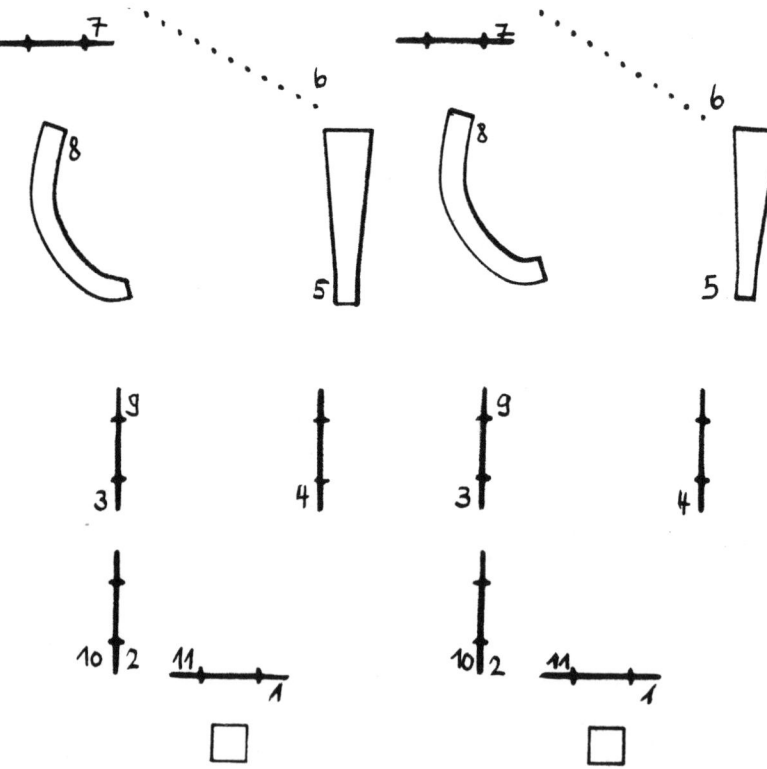

144

8. Fehler und Aus

Für die Absolvierung des Parcours wird eine Sollzeit festgelegt. Das Team (Hund und Führer) arbeiten solange auf dem Parcours, bis ein Fehler passiert oder die vom Richter festgelegte Maximalzeit erreicht ist. Nach einem Fehler oder bei Erreichen der Maximalzeit wird abgepfiffen. Für die Rangierung zählen die Anzahl der richtig bewältigten Hindernisse. Diese können auch mit unterschiedlichen Punktezahlen gewertet werden, wie etwa beim »Punktesammler«.

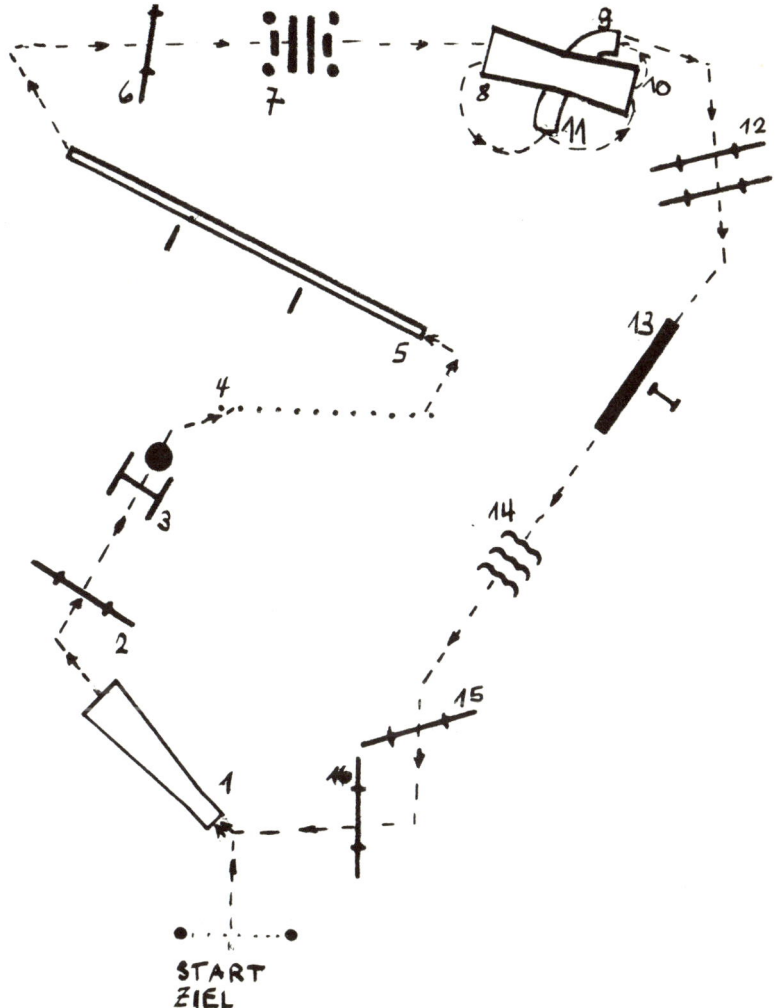

9. Wähle den eigenen Weg

Es wird ein unnummerierter Parcours aufgestellt, der an mehreren Orten verschiedene Wege offen läßt. Die richtige Parcoursaufzeichnung wird vom Richter in einem verschlossenen Couvert aufbewahrt.

Die Teilnehmer absolvieren den Parcours nach eigens gewählter Route. Wer den richtigen Weg verlassen hat erhält 30 Strafpunkte.

Zeit und Fehlerpunkte werden wie bei Agility-Wettbewerben gewertet (3 Refus = Abbruch).

10. Wähle die Zeit oder Auf Zeit spekulieren

1. Es wird ein normal nummerierter Agility-Parcours aufgestellt. Der Richter bestimmt eine Zeitgrenze, in der der Parcours bewältigt werden muß. Es wird nach Agility-Reglement gerichtet, und es sind keine Anhalte gestattet.

Jeder Teilnehmer schätzt die Zeit, in der er den Parcours absolvieren will, und gibt dies dem Richter vor dem Start bekannt. Nun wird der Parcours absolviert und die Zeit gestoppt. Hat der Teilnehmer seine Zeit (plus/minus 5 Sekunden) erreicht, erhält er 20 Bonuspunkte, zudem erhält er für jede abweichende Sekunde einen Zeitfehlerpunkt zugeschlagen.

Beispiele:

	vom HF bestimmte Zeit	Effektive Zeit	Parcours-Fehler/ Punkte	Zeit-fehler	Bonus-Punkte	Punkte-Total	Rang
Team 1	50 Sek.	52 Sek.	10	2 Sek.	20	−8	1
Team 2	55 Sek.	55 Sek.	15	−	20	−5	3
Team 3	62 Sek.	55 Sek.	0	7 Sek.	−	+7	4
Team 4	45 Sek.	50 Sek.	10	5 Sek.	20	−5	2

2. Es wird ein normaler Agility-Parcours gestellt und nummeriert. Der Richter deponiert in einem Couvert die Standard-Parcourszeit, die den Konkurrenten nicht bekannt gegeben wird. Gerichtet wird nach Agility-Reglement. Der Unterschied zwischen den beiden beschriebenen Spielen besteht darin, daß für Zeitfehler sowohl die Minus- als auch die Plus-Differenzen zur deponierten Standardzeit als Zeitfehler angerechnet werden.

11. Paarlauf

Wir stellen einen normal nummerierten Parcours auf. Gerichtet wird nach dem Agility-Reglement. 2 Teams (1 Team = HF und H) sind ein Paar.

Das 1. Team arbeitet den Parcours, bis es einen Fehler begeht, dann muß es auf dem schnellsten Weg ohne Überqueren von weiteren Hindernissen ins Ziel. Nun nimmt das am Start wartende 2. Team den Parcours an der Stelle auf, wo der Fehler vom 1. Team passierte, und beendet den Parcours.

Zeit und Fehlerpunkte werden wie bei Agility-Wettbewerben gewertet (3 Refus = Abbruch).

12. Spirale

Wir stellen einen Parcours in einer Spirale auf (siehe Beispiel) und beginnen mit dem Parcours von innen (Tisch) nach außen. Der Wettbewerbs-Ablauf geschieht nach Agility-Reglement.

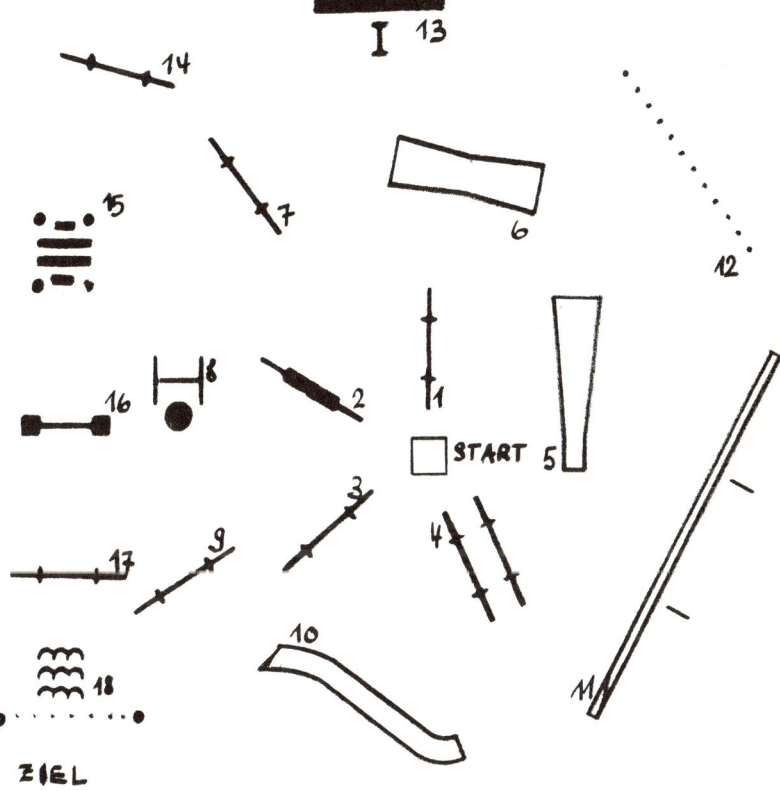

Problemlösungen

Hier ist grundsätzlich zu bemerken, daß es keine allgemeingültigen

Rezepte zur Fehlerkorrektur gibt. Es können nur Anhaltspunkte vermittelt werden, denn nicht jeder Hund ist gleich, und demzufolge reagieren die Hunde auch unterschiedlich. Probleme werden immer mit dem Trainer besprochen. Möglichst verschiedene Lösungen werden diskutiert. Es darf nicht ausbleiben, daß wir uns auch die Folgen einer Korrektur überlegen. Oft müssen wir den Hund überlisten oder uns sonst irgend etwas Intelligentes einfallen lassen. Auf jeden Fall dürfen Probleme nur unter Beizug des Trainers korrigiert werden.

– Beim Dominanzproblem und zuviel Geschwindigkeit:
Wir üben viel das »Sitz« und »Platz« und »Stop« und »Weiter«. Wir können diese Übungen auch vor und nach den Hindernissen trainieren.

– Ist ein Hund von einem bestimmten Hindernis begeistert, und passiert er es immer wieder ohne unser Kommando:
Wir lassen ihn jeweils vor und nach diesem Hindernis in die Platzposition gehen.

– Packt der Hund während dem Rennen den Meister mit dem Fang:
Dies kann ebenfalls ein Dominanzproblem sein. Packen ist absolut tabu. Je nach Situation müssen wir häufig das »Sitz« und »Platz« trainieren. Wir können dem Hund auch gelegentlich einen Stupser auf die Nase geben, verbunden mit einem scharfen »Pfui« oder »Nein«. Wir »wischen ihm auch mal eins aus« mit einer zusammengerollten Zeitung, ebenfalls verbunden mit dem entsprechenden Kommando.

– Läuft der Hund ständig davon:
Dies kann auch ein Dominanzproblem sein, oder der Hund ist noch sehr verspielt.
Wenn er sich nicht abrufen läßt, müssen wir dem Hund außerhalb des Agilityparcours einmal eine Schleppleine anlegen. Ohne Hilfe eines kundigen Trainers darf auf eine solche Weise nicht eingewirkt werden.

– Überläuft der Hund die Kontaktzonen, und/oder ist er zu schnell:
In Ruhe arbeiten, mit ihm bei den Kontaktzonen sein und ihm die Kontaktzonen gut begreiflich zeigen, ihm auf den Hindernissen »das Warten« lernen. Wir zeigen ihm dabei die Handfläche mit dem entsprechenden Kommando, wie bei der »Bleib-« oder »Warteübung«. Ist er zu schnell, lassen wir ihn eine Weile vor oder nach dem Hindernis in die Platzposition gehen. Wir können ihn auch satt vor oder nach dem Hindernis durch Hula-Hopp-Reifen gehen lassen, oder wir selbst stehen in der »Grätschstellung« vor oder nach dem Hindernis, und der Hund muß uns zwischen den Beinen hindurch.
Wir können den Hund auch an einer Führleine über die Kontaktzonen führen.

– Verweigert er die Hindernisse, oder reißt er bei den Sprunghindernissen immer wieder die Barren mit:
Verweigert er die Sprunghindernisse, müssen wir ihn in erster Linie

auf seinen Gesundheitszustand kontrollieren.

Der Hund hat die Hindernisse zu schnell und zu wenig sorgfältig gelernt. Er ist überfordert. Er weiß nicht wo abspringen und auch nicht wie landen. Es fehlt ihm die Technik, er hat evtl. zu wenig Sprungkraft oder zuviel Schub. Wir beginnen mit den Sprunghindernissen nochmals von vorne und lernen sie ihm langsam und sorgfältig.

– Springt er schräg über den Weitsprung und/oder Wassergraben:
Wir beginnen mit den Sprunghindernissen nochmals von vorne und lernen sie dem Hund langsam und sorgfältig. Beim Weitsprung beginnen wir mit den einzelnen Teilen, evtl. stellen wir einen Sprung direkt davor.

– Überspringt er mehrere Kavalletis zugleich oder bricht seitlich aus:
Stehen diese vielleicht zu nahe beieinander, oder der Hund hat sich noch an keinen Rhythmus gewöhnt. Wir beginnen mit den Sprunghindernissen nochmals von vorne und lernen sie dem Hund einzeln, langsam und sorgfältig.

– Will er nicht auf den Tisch:
Ist dieser für ihn noch zu hoch?
Wir beginnen wieder mit dem Mini-Tisch, und wir verhängen den offenen Raum beim großen Tisch oder stellen ein Brett davor.

– Verweigert er den festen Tunnel oder Sacktunnel:
Wir legen den festen Tunnel ganz zusammen, und beim Sacktunnel nehmen wir den Sack weg und beginnen langsam wieder von vorne.

– Kehrt er im Tunnel: In dem wir ihm den Eingang sofort verschließen, muß er auf der richtigen Seite hinaus.

– Der Hund lernt den Slalom nicht:
Der Aufbau war zu wenig sorgfältig und nicht konsequent. Wir beginnen auch hier wieder von ganz vorne und täglich zweimal. Mit Spiel und Motivation vermitteln wir dem Hund Freude am Slalom (s. auch Anlernen der Agility-Hindernisse, S. 29–33).

– Der Hund springt zwischen Rahmen und Pneu, über und unter dem Pneu:
Wenig Vertrauen zum Hindernis, wieder langsam von vorne beginnen. Den Hund während einiger Zeit nur durch den am Boden gehaltenen Pneu gehen lassen, dann in den Agility-Rahmen stellen, dann auf unterster Stufe aufhängen und kontinuierlich höher hängen.

– Reißt er ständig die Abdeckungen herunter bei der Mauer oder beim Viadukt:
Wir stellen ihm unmittelbar einen Sprung vor dieses Hindernis, so daß er beide überqueren muß. Die Sprunglatte liegt auf der gleichen Höhe wie die obersten Abdeckungen.

TEIL IV

Das Agility-Reglement

Wie schon an anderer Stelle erwähnt arbeiten wir in der Schweiz im Moment noch nach einem eigenen Reglement. Dieses wurde durch die Agility-Kommission der SKG (Schweizerische Kynologische Gesellschaft) erstellt. Ein erster Entwurf ist datiert vom 17. Dezember 1989 und wurde Ende Januar 1990 den der SKG angeschlossenen Vereinen zur Vernehmlassung zugestellt. Dieser Entwurf mußte überarbeitet werden, und der 2. Entwurf ist seit Januar 1991 provisorisch gültig, vorläufig bis Sommer 1992. Der Unterschied zwischen den Reglementen (FCI und SKG) ist in der Hauptsache:

Man arbeitet nach FCI-Reglement in 2 Klassen:

Agility 1. Grades
und
Agility 2. Grades
Die FCI verlangt Leistungshefte.
Die Mischlinge sind den Rassehunden nicht gleichgestellt. In einem Anhang zum Reglement können die Landesverbände jedoch landesintern eigene Regelungen treffen.
Änderungen werden anläßlich der jährlich stattfindenden FCI Agility-Kommissionssitzungen beschlossen und sind international gültig. (Das FCI Agility-Reglement ist mit dem englischen Agility-Reglement nicht identisch.)

Der Entwurf des SKG Agility-Reglementes sieht 3 Klassen vor:
Anfängerklasse
Standard-Klasse = Agility 1. Grades
Eliteklasse = Agility 2. Grades
Die SKG verlangt Lizenzen, und seit Januar 1992 gibt auch die SKG für Agility eigene Leistungshefte ab.
Die Mischlinge sind den Rassehunden (nur national) gleichgestellt.
Änderungen werden vorläufig noch ad-hoc durch die Agility-Kommission der SKG beschlossen (diese sind aber nur national gültig).

Der Bezugsquellennachweis für beide Reglemente kann beim Zentralsekretariat der SKG unter der folgenden Adresse angefragt werden:

Schweizerische Kynologische Gesellschaft SKG
Postfach 8217
3001 Bern
Telefon 031/23 58 19

Das FCI-Agility-Reglement kann bezogen werden:

In Deutschland:
Deutscher Hundesport-Verband
(Unterverband des VDH =
Verband für das Deutsche Hundewesen e. V.)
Gustav Sybrechtstraße 42
D-.4670 Lünen-6
Telefon 0231/879 49/40

In Österreich:
Österreichischer Kynologenverband
Johann Teufel Gasse 8
A–1238 Wien
Telefon 0222/88 22 31

In Frankreich:
Société Centrale Canine
215, Rue St. Denis
F-75093 Paris Cedex 02
Telefon (1)45 08 53 15

Agility-Wettbewerbe

Die Abwicklung von offiziellen Agility-Wettbewerben ist jeweils Sache
der zuständigen Landesverbände. Die Grundsätze können jedoch dem
Agility-Reglement der FCI entnommen werden. Detaillierte Auskünfte
sind jeweils bei den zuständigen Landesverbänden einzuholen.

Der Agility-Richter

Die ersten Agility-Richter wurden in England und später dann auch in
Frankreich ausgebildet. Heute werden sie in jedem Land nach eigenen
Kriterien geschult und geprüft. Sie müssen vom eigenen Land aner-
kannt, und bei der FCI gemeldet sein um im Ausland richten zu können.

Der Richter soll faire und flüssige Parcours erstellen und keine Fallen
stellen. Die Parcours sollen einen dem Prüfungsstand angemessenen
Schwierigkeitsgrad aufweisen, und die Parcours-Zeit muß in einem
vernünftigen Rahmen angesetzt sein (s. Artikel Berechnung der Parcours-Zeit, S. 152 und 155).

Kreation des Parcours, der Parcoursbau und auf was der Agility-Richter zu achten hat

Der Richter informiert sich einige Zeit vor dem Wettbewerb beim durchführenden Verein, was von ihm verlangt wird. Er erkundigt sich nach der Platzgröße und eventuellen Hindernissen (Bäume etc.) auf dem Platz. Er erkundigt sich auch, was für Hindernisse und wieviele ihm zur Verfügung stehen. Er entwirft den Parcours so, daß er einen guten Überblick hat und alle Hindernisse genau sieht. Er achtet speziell darauf, daß die zum Richten schwierigeren Hindernisse, wie Laufsteg, Wippe und Schrägwand (Kontaktzonenhindernisse), Slalom und Pneu z. B. nicht zu weit auseinanderliegen, damit er einen möglichst kurzen Weg beim Richten ablaufen muß. Er überlegt sich die Richterposition und diejenige des Schreibers.

Auf den folgenden Seiten ein gut und ein schlecht zu richtender Parcours (aus Agility Dog International von Peter Lewis):

Agility-Parcours-Beispiele siehe:
Gut: Seite 153   Schlecht: Seite 154

Die Berechnung der Parcourszeit

Der Richter mißt vor der Prüfung die Länge des effektiven Parcours aus und überlegt den Schwierigkeitsgrad, die Qualität der Teilnehmer, äußere Bedingungen (Wetter, Bodenverhältnisse etc). Aufgrund dessen setzt er fest, wieviele Meter in der Sekunde ein Hund zurücklegen kann.
Also:
Das Basiskriterium für die Festsetzung der Standardzeit des Parcours ist die Geschwindigkeit in Meter/Sekunden, die für die Bewegung auf dem Parcours festgehalten ist. Diese Wahl wird unter Berücsichtigung des Schwierigkeitsgrades der Wettbewerbskategorie und der Schwierigkeit des Parcours getroffen.
Die Bewegungsgeschwindigkeit liegt zwischen 1,8 und 3,5 m/Sek. Die Standardzeit für den Parcours (in Sekunden) erhält man, indem man die exakte Länge des Parcours durch die festgehaltene Bewegungsgeschwindigkeit (in m/S) teilt.
Die Parcours-Standardzeit (PSZ) sollte so festgelegt werden, daß im Ideal-Fall 20% der Teilnehmer ohne Zeitfehler durchkommen.
Beispiel: Für einen Parcours von 150 m Länge und einer festgehaltenen Geschwindigkeit von 2,5 m/S ist die Parcours-Standardzeit (PSZ): 150/2,5 = 60 Sekunden.
Bestimmung der Parcours-Maximalzeit (PMZ):
Im allgemeinen gibt der Richter als Maximalzeit für die Strecke das Doppelte der Standardzeit an. Für eine Standardzeit von 60 Sek. ist die Maximalzeit 120 Sekunden. Sie kann niemals unterhalb des 1,5fachen der Standardzeit liegen.

Gut

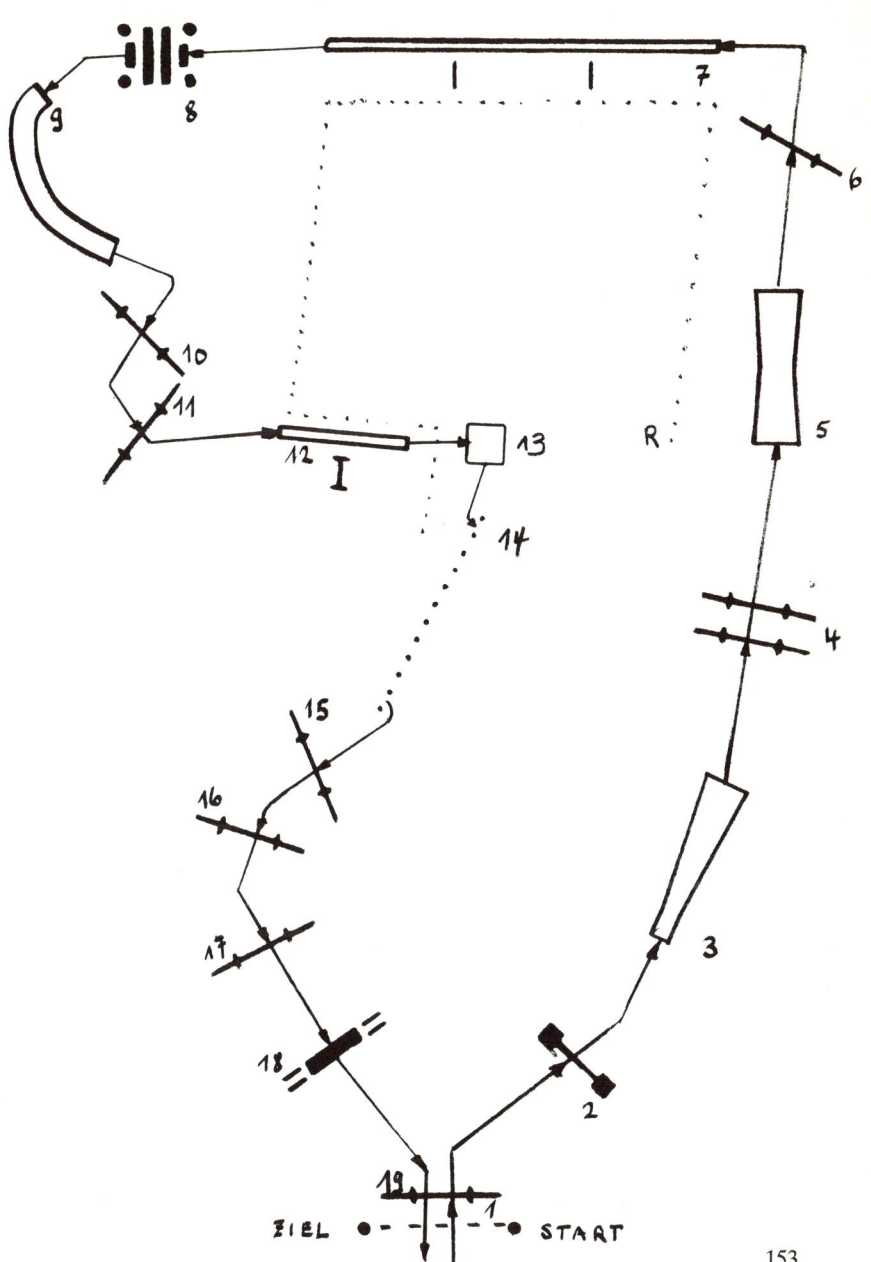

153

Schlecht

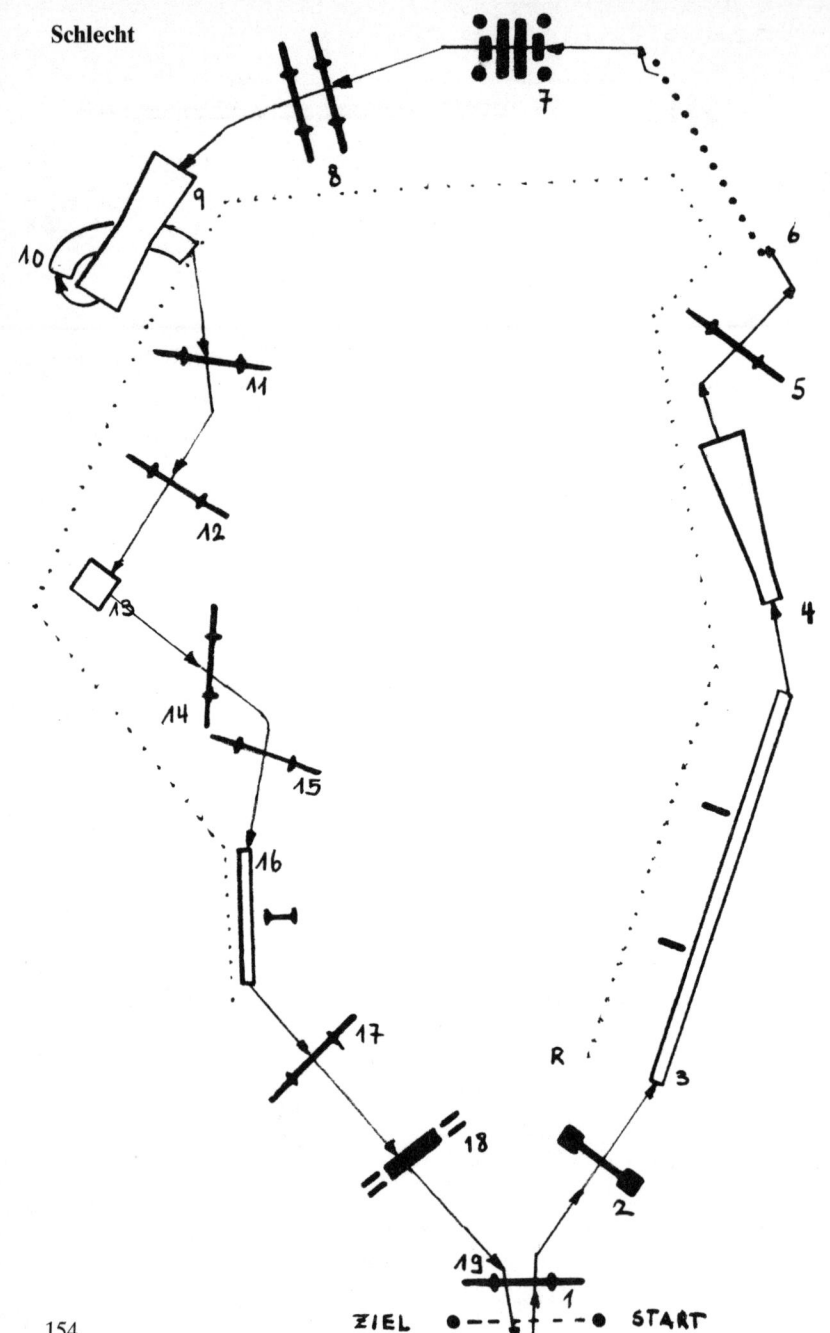

154

Tabelle mit berechneten Parcours-Standard-Zeiten (PSZ)

Parcours-Länge in Meter	100	110	120	130	140	150	160	170	180	190	200
Geschwindigkeit = Meter pro Sekunde											
1,8	56	61	67	72	78	83	89	94	100	106	111
1,9	53	58	63	68	74	79	84	89	95	100	105
2,0	50	55	60	65	70	75	80	85	90	95	100
2,1	48	52	57	62	67	71	76	81	86	90	95
2,2	45	50	55	59	64	68	73	77	82	86	91
2,3	43	48	52	57	61	65	70	74	78	83	87
2,4	42	46	50	54	58	63	67	71	75	79	83
2,5	40	44	48	52	56	60	64	68	72	76	80
2,6	38	42	46	50	54	58	62	65	69	73	77
2,7	37	41	44	48	52	56	59	63	67	70	74
2,8	36	39	43	46	50	54	57	61	64	68	71
2,9	34	38	41	45	48	52	55	59	62	66	69
3,0	33	37	40	43	47	50	53	57	60	63	67
3,1	32	35	39	42	45	48	52	55	58	61	65
3,2	31	34	38	41	44	47	50	53	56	59	63
3,3	30	33	36	39	42	45	48	52	55	58	61
3,4	29	32	35	38	41	44	47	50	53	56	59
3,5	28	31	34	37	40	43	46	49	51	54	57

Parcours-Maximalzeit (PMZ)
Die PMZ ist im Minimum das 1,5fache, im Maximum das 2fache der PSZ. Der Richter setzt die PMZ unter Berücksichtigung der Anzahl Teilnehmer und des vorgesehenen Zeitplanes fest.

Parcoursbeispiele

Nachfolgend einige gut ausgedachte Parcours der Schweizer-Agility Richterin Anne Elia. Sie arbeitet mit einem Standardparcours, und von dem geht sie dann jeweils für die weiteren Disziplinen aus. Es müssen immer nur einige wenige Hindernisse umgestellt werden, es entfällt damit der zeitraubende Aufbau von komplett neuen Parcours.

Grundparcours

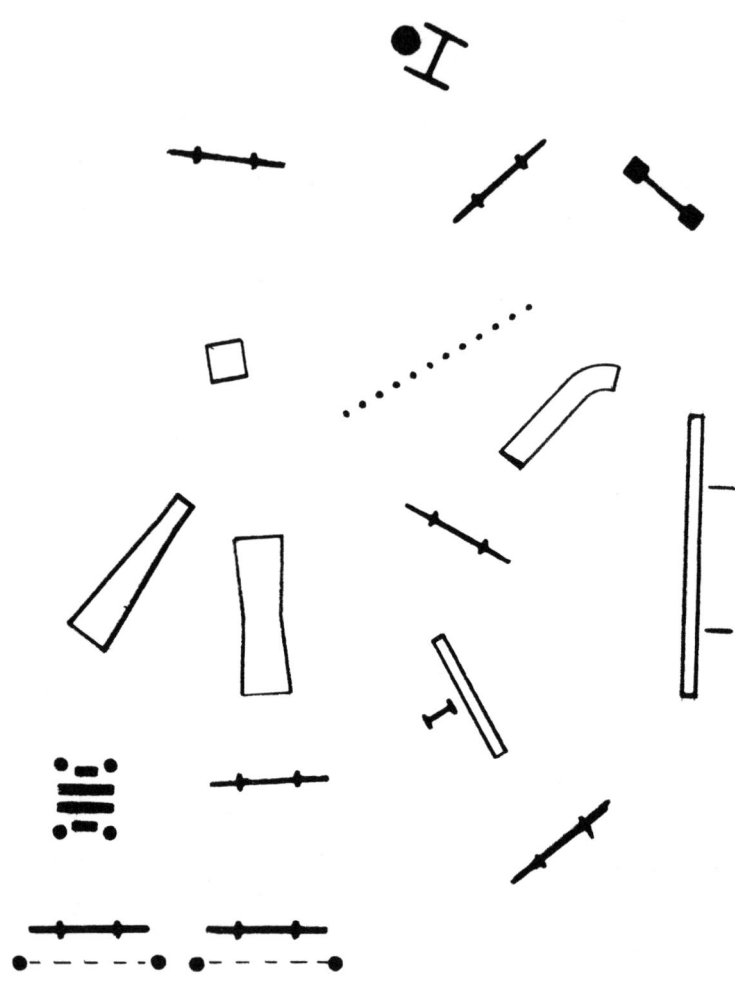

Notwendiges Terrain: 20×37,6 Meter

Parcours Agility Anfänger:

Normal Große Hunde:		Minis:	
Parcours-Länge:	120 Meter		
Anzahl Hindernisse:	16		
Geschwindigkeit:	2 m/Sek.	Geschwindigkeit:	1,80 m/Sek.
Parcours-Standardzeit:	60 Sek.	Parcours-Standardzeit:	67 Sek.
Parcours-Maximalzeit:	120 Sek.	Parcours-Maximalzeit:	134 Sek.
Anzahl Teilnehmer:	–	Anzahl Teilnehmer:	–

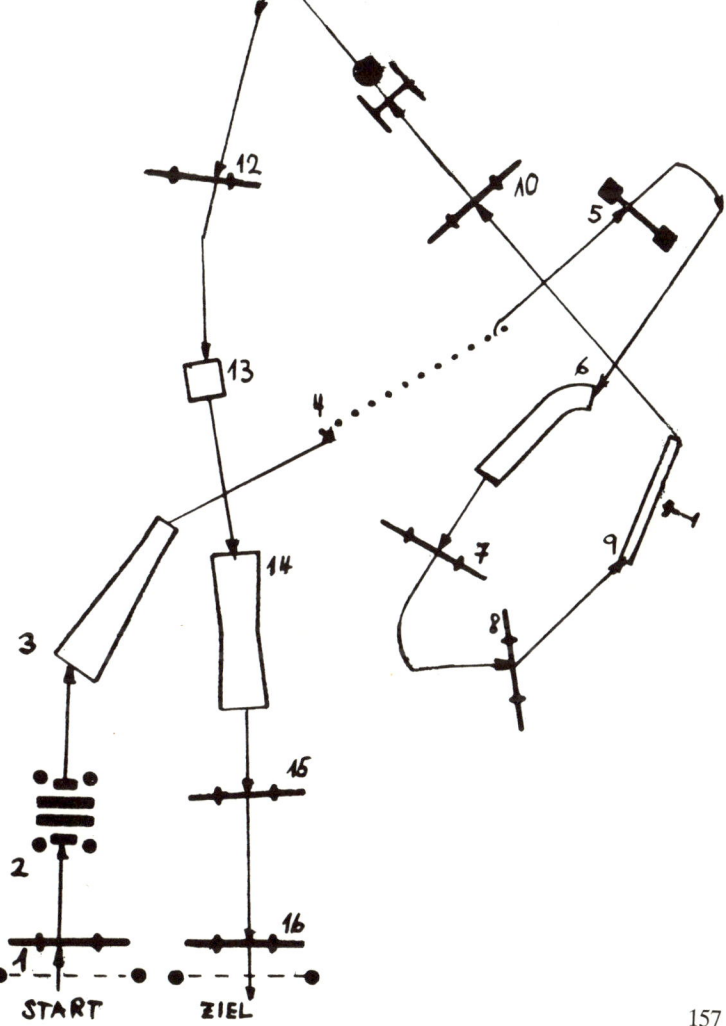

157

Parcours Agility 1

Normal Große Hunde:		Minis:	
Parcours-Länge:	130 Meter		
Anzahl Hindernisse:	16		
Geschwindigkeit:	2,30 m/Sek.	Geschwindigkeit:	2,10 m/Sek.
Parcours-StandardzZeit:	57 Sek.	Parcours-Standardzeit:	62 Sek.
Parcours-Maximalzeit:	114 Sek.	Parcours-Maximalzeit:	124 Sek.
Position auf dem Tisch:	Liegen	Position auf dem Tisch:	Liegen
Anzahl Teilnehmer:	–	Anzahl Teilnehmer:	–

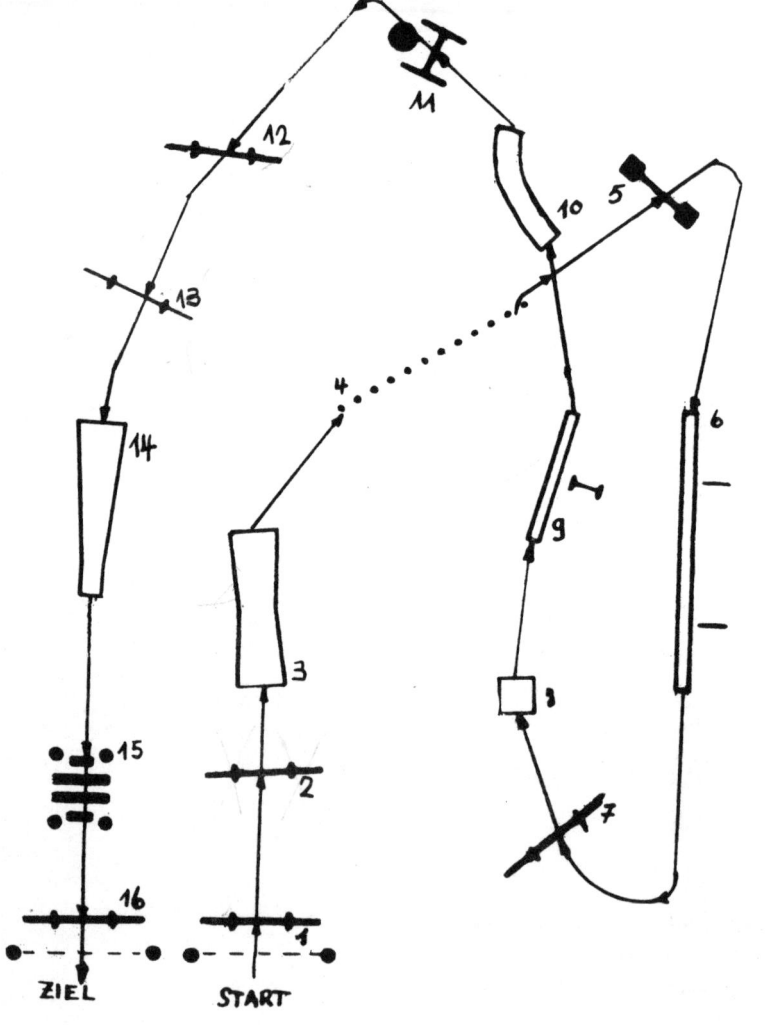

Parcours Agility 2

		Minis:	
Normal Große Hunde:			
Parcours-Länge:	131 Meter		
Anzahl Hindernisse:	18		
Geschwindigkeit:	2,50 m/Sek.	Geschwindigkeit:	2,30 m
Parcours-Standardzeit:	53 Sek.	Parcours-Standardzeit:	58 Sek.
Parcours-Maximalzeit:	106 Sek.	Parcours-Maximalzeit:	116 Sek.
Position auf dem Tisch:	Sitzen	Position auf dem Tisch:	Sitzen
Anzahl Teilnehmer:	–	Anzahl Teilnehmer:	–

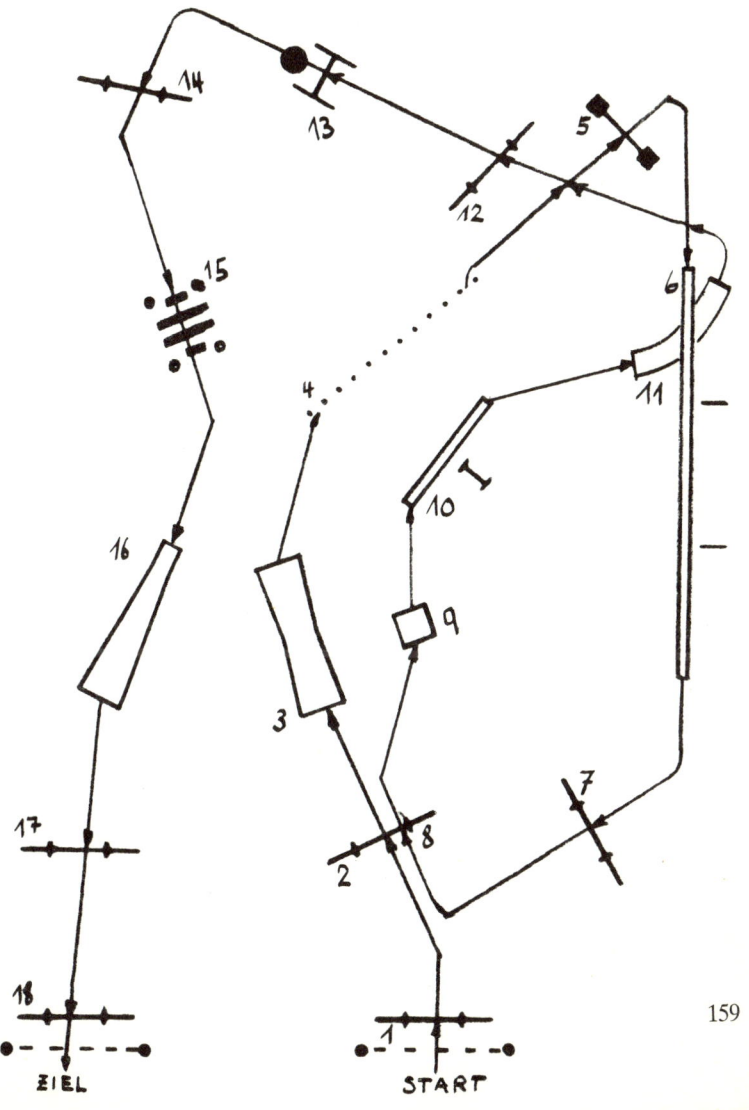

159

Jumping-Parcours
(PEDIGREE PAL Trophy-Veranstaltung 1991 Final in Murten)

Normal Große Hunde:		Minis:	
Parcours-Länge:	102 Meter		
Anzahl Hindernisse:	14		
Geschwindigkeit:	2,90 m/Sek.	Geschwindigkeit:	2,40 m / Sek.
Parcours-Standardzeit:	36 Sek.	Parcours-Standardzeit:	43 Sek.
Parcours-Maximalzeit:	72 Sek.	Parcours-Maximalzeit:	86 Sek.
Anzahl Teilnehmer:	–	Anzahl Teilnehmer:	–

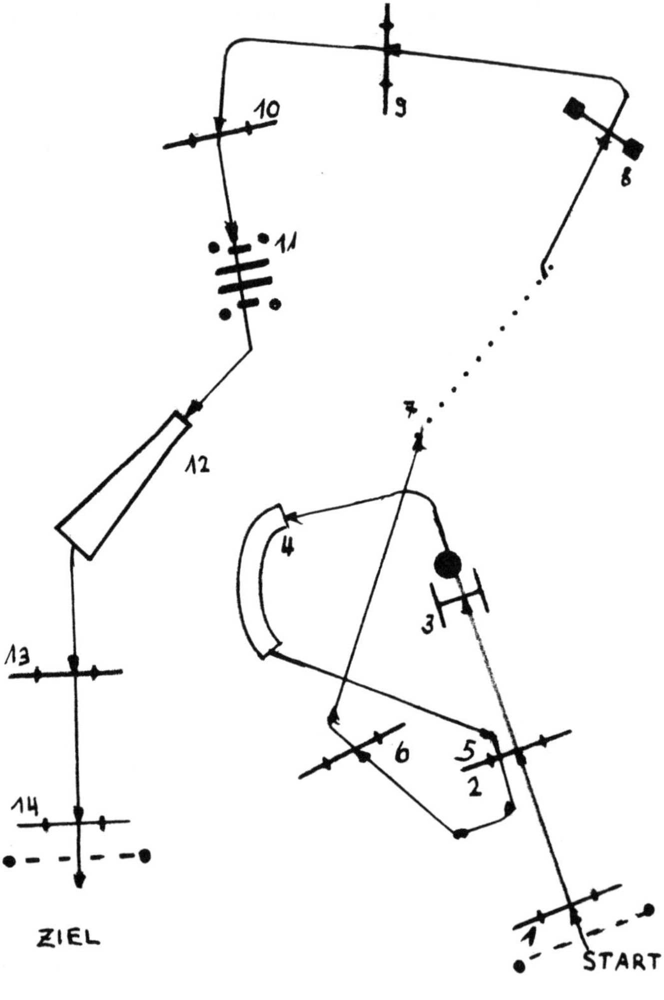

ZIEL

START

Agility-Open
(PEDIGREE PAL TROPHY-Veranstaltung Final 1991 in Murten)

Normal Große Hunde:		Minis:	
Parcours-Länge:	143 Meter		
Anzahl Hindernisse:	17		
Geschwindigkeit:	2.50 m/Sek.	Geschwindigkeit:	2,00 m/Sek.
Parcours-Standardzeit:	68 Sek.	Parcours-Standardzeit:	72 Sek.
Parcours-Maximalzeit:	116 Sek.	Parcours-Maximalzeit:	144 Sek.
Position auf dem Tisch:	Sitzen (nach Auslosung)	Position auf dem Tisch:	Sitzen (nach Auslosung)
Anzahl Teilnehmer:	–	Anzahl Teilnehmer:	–

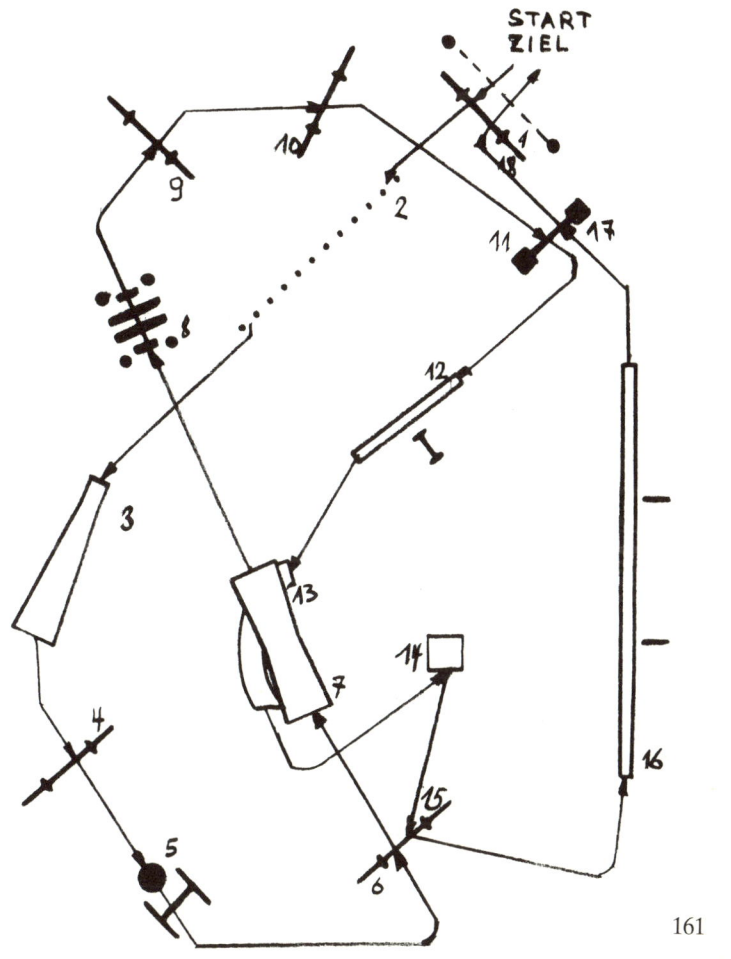

161

Fehler und Refus (Auszug aus dem FCI Agility-Reglement)

Fehler = z. B. abgeworfene Stangen

Refus oder Verweigerungen = wenn der Hund ein Hindernis verweigert.

Grundsätzlich gibt es drei Arten von Fehlern; die Verweigerungen, die Fehler und die Ausschlüsse. Verweigerungen oder Refus werden vom Richter mit der erhobenen Faust (5 Punkte) angezeigt und Fehler mit der erhobenen offenenen Hand (5 Punkte). 3 Verweigerungen vollziehen den Ausschluß aus dem Wettbewerb, ebenso untolerierbares Verhalten während eines Wettbewerbes, welches der Richter mit Pfeifen und Abwinken anzeigt.

Zwei Arten von Strafpunkten werden angewendet:
– Strafen für Fehler auf dem Parcours
– Strafen für Überschreiten der Standardzeit (PSZ)

Strafpunkte

a) Überschreiten der Parcours-Standardzeit: 1 Punkt pro Sekunde

b) Fehler allgemeiner Art:
   – Der Hundeführer darf nicht zwischen den Start- und Zielpfosten durchgehen; tut er es dennoch, so wird er mit 5 Punkten bestraft, und außerdem wird die Stoppuhr bei seinem Durchgang ausgelöst.
   – Der Hundeführer berührt seinen Hund während des Umlaufs: 5 Punkte (jedesmal).
   – Der Hundführer berührt ein Hindernis: 5 Punkte (jedesmal).

c) Fehler bei Hindernissen:
   – Jeder Fehler wird mit einer Strafe von 5 Punkten geahndet.
   – Der Abwurf:
     Ein Fehler wird angerechnet, wenn eines der Hindernis-Elemente fällt, selbst nach dem Durchgang des Hundes.
   – Die Verweigerung:
     Dieser Fehler betrifft ebenso das Anhalten vor dem Hindernis, wie den Hund, der nicht mehr in Bewegung ist. Das seitliche Ausbrechen, um das Hindernis zu vermeiden, das Vorbeigehen am Hindernis, welches den Hund zu einer halben Umdrehung zwingt, um das Hindernis erneut anzugehen. Der Sprung zwischen Rahmen und Reifen. Der Hund, der den Weitsprung im Gehen macht. Der Hund, der eine Pfote oder den Kopf in den Tunnel steckt und sich dann zurückzieht, oder in den Tunnel geht und zum Eingang zurückkehrt, ohne den Ausgang erreicht zu haben.
   – Obligatorische Kontaktzonen (siehe auch »Der Aufbau an den Hindernissen«, »Kontaktzonen«, S. 29 und 32):
     Auf der Schrägwand, der Wippe und dem Laufsteg muß der Hund wenigstens eine Pfote auf die Kontaktzone setzen, beim Aufstieg, wie beim Abstieg. Jeder Fehler wird mit einer Strafe von 5 Punkten geahndet. Befindet er sich bei den Hindernissen noch auf dem

Aufstieg und springt auf den Boden zurück, so ist dies eine Verweigerung.

Im Falle einer »Verweigerung« muß der HF seinen Hund erneut ansetzen, sonst scheidet er aus.

Das Gleiche gilt auch für den Slalom, wo der HF seinen Hund sofort an die Fehlerquelle zurückführen muß.

Für die anderen Fehler: Abwurf an einem Hindernis oder Nichtberühren der Kontaktzonen wird eine Strafe angerechnet, aber der Lauf wird nicht unterbrochen.

d) Spezifische Fehler bei einem Hindernis:

– Der Tisch: Auf dem Tisch muß der Hund während 5 Sekunden eine Ruhestellung einnehmen und zwangsläufig in der vorgegebenen Position:

In Agility 1 = Stellung liegend

in Agility 2 = ist es am Prüfungsrichter, vor der Prüfung die gewünschte Position anzugeben, entweder: »liegend«, »sitzend« oder »stehend«. Die gewählte Stellung ist die Gleiche für alle Konkurrenten der Prüfung.

– Wenn der Hund den Tisch vor Ende der 5 Sekunden und vor dem Befehl des Prüfungsrichters verläßt, wird er mit 5 Punkten bestraft. Er muß wieder auf den Tisch zurück, um seine 5 Sekunden zu beenden, sonst wird er ausgeschieden.

Das Abzählen beginnt erst, wenn der Hund in der vorgegebenen Stellung ist. Es wird unterbrochen, wenn der Hund diese Stellung verläßt, und wieder aufgenommen, sobald er sie wieder einnimmt. Der Sprung auf den Tisch ist von drei Stellen her erlaubt, nämlich seitlich und von vorne. Wenn der Hund am Tisch vorbeigeht und von hinten aufsteigt, wird er mit einer Verweigerung bestraft, muß aber nicht Ausscheiden wegen Angehens eines Hindernisses von der verkehrten Seite her. Desgleichen, wenn der Hund über den Tisch rutscht und auf der hinteren Seite wieder aufsteigt; er wird mit einem Fehler bestraft, aber nicht ausgeschieden.

Wenn der Hund unter dem Tisch durchgeht, wird er mit einer Verweigerung bestraft.

– Die Anhaltezone am Boden: Wird niemals am Start oder am Ziel angelegt. Der Hund muß einen Halt von 5 Sekunden im Innern der angelegten Zone einlegen, in der vorgegebenen Position. Die Strafen werden in derselben Art und Weise gerechnet wie für den Tisch. Der Hund muß sich im Innern der Zone befinden, nur das Überhängen der Rute ist zuzulassen.

– Der Laufsteg: Der Hund, der vom Hindernis springt, ohne vorher mit 4 Pfoten den absteigenden Teil berührt zu haben, wird mit einer Verweigerung bestraft.

– Die Wippe: Der Hund, der vom Hindernis springt, bevor er die

Achse der Wippe überschritten hat, wird mit einer Verweigerung bestraft.

- Die Schrägwand: Der Hund, der von der Schrägwand springt, bevor er die vier Pfoten auf die absteigende Wand gestellt hat, wird mit einer Verweigerung bestraft.
- Der Slalom: Zu Beginn muß sich der erste Pfosten auf der linken Seite des Hundes befinden, der zweite rechts usw. Wenn der Hund den Slalom falsch beginnt, wird er mit einer Verweigerung bestraft, verfehlt er ein Tor wird er mit einem Fehler bestraft; auf jeden Fall muß der Hundeführer den Fehler sofort berichtigen, indem er den Hund zur Fehlerstelle zurückbringt. Der Slalom ist das einzige Hindernis, bei welchem man den Hund zwingt, zur Fehlerstelle zurückzugehen. Dadurch wird er in der Zeit bestraft. Durch diese Handhabung wird das Maximum der Strafpunkte begrenzt auf 15, nämlich 2 Verweigerungen und 1 Fehler. Weitere Fehler müssen korrigiert werden. Man verliert dadurch Zeit, erhält aber keine Strafpunkte mehr. Die Ausschließung wird ausgesprochen, wenn der Hundeführer dem nicht Rechnung trägt und das nächste Hindernis angeht.
- Der Weitsprung: Die Elemente des Weitsprungs werden so aufgestellt, daß man einen Sprung von 1,20 bis maximal 1,50 m erhält. In der Breite überspringen oder am Hindernis vorbeigehen wird als eine Verweigerung angesehen und bestraft. Berühren, umwerfen, eines Elementes oder eine Pfote zwischen die Elemente setzen ist fehlerhaft.
- Der Wassergraben: Ist vergleichbar mit dem Weitsprung. Er ist durch eine niedrige Hürde vervollständigt, die nach Anweisung des Prüfungsrichters aufgestellt wird. Die Strafbestimmungen sind die gleichen wie für den Weitsprung. Wenn der Hund die Wasseroberfläche berührt, ist dies fehlerhaft.
- Die Kombination von zwei oder drei Hindernissen: Jedes der Elemente einer Kombination wird unabhängig beurteilt. Verweigerungen oder Abwürfe werden addiert. Im Falle einer Verweigerung eines Hindernisses ist mit der Gesamtheit der Kombination neu zu beginnen.

Fehler, die den Ausschluß nach sich ziehen:
- Unkorrektes Verhalten dem Prüfungsrichter gegenüber
- Mißhandlung seines Hundes
- Überschreiten der Parcours-Maximalzeit (PMZ)
- Bei der dritten Verweigerung auf der gesamten Strecke
- Die Hindernisse nicht in der angegebenen Reihenfolge angehen
- Ein Hindernis übersehen
- Die Hindernisse in der falschen Richtung angehen
- Der HF überspringt selbst ein Hindernis

- Der HF hält selbst etwas in der Hand
- Der HF nimmt seinen Hund an den Start zurück, nachdem derselbe schon die Startlinie überschritten hat (Ausnahme auf Befehl des PR)
- Wenn der Hund ein Halsband trägt
- Anhalten auf der Strecke durch den HF, ohne Befehl des Richters
- Der Hund vergißt sich und ist nicht mehr unter Kontrolle seines Führers

Die Ausschließung zieht die Disqualifikation nach sich. Dieselbe muß (durch Pfeifen oder Hornsignal) vom PR angezeigt werden.

Alle nicht vorgesehenen Fälle werden durch den Richter beurteilt. Selbstverständlich soll der PR vom Beginn bis zum Ende des Wettbewerbs von gleicher Milde oder Strenge sein.

Fälle von höherer Gewalt: Bei einem Zwischenfall ohne Zutun des HF, wie z. B. das Umfallen von Hindernissen, Verwickeln des Stofftunnels etc, kann der PR den HF anhalten und selbstverständlich auch die Zeitnahme. Nachdem das Hindernis wieder in Ordnung ist, läßt der Richter die Zeitnahme wieder aufnehmen und setzt den Hund wieder an der Stelle an, wo er angehalten wurde. Alle vorher erhaltenen Strafpunkte bleiben gültig.

Qualifikation / Auszeichnung:

Für die Prüfungen werden folgende »Qualifikationen« zuerkannt:

von 0 bis 5 Gesamtstrafpunkte	= vorzüglich
von 6 bis 15 Gesamtstrafpunkte	= sehr gut
von 16 bis 25 Gesamtstrafpunkte	= gut
über 25 Gesamtstrafpunkte	= nicht klassiert

Unter Gesamtstrafpunkten ist zu verstehen, die Fehler an den Hindernissen, plus die Strafen für das Überschreiten der Standardzeit.

Das FCI – Agility-Diplom wird jenem Hund zuerkannt, der die Bewertungen »vorzüglich« oder »sehr gut« erhalten hat.

Klassierung

Die Klassierung erfolgt unter Berücksichtigung:

1. Der Summe der Strafpunkte (Fehler auf dem Parcours und Zeitstrafen)
2. Im Falle gleicher Gesamtstrafen, wird jener Hund als erster klassiert, der die wenigsten Parcoursfehler aufzuweisen hat.
3. Im Falle gleicher Gesamtstrafen und gleicher Parcoursfehler berücksichtigt man die reale Zeit.

Die Helfer des Richters

Für die Organisation eines Wettbewerbes sind auf dem Gelände nebst dem Richter folgende Helfer notwendig:

- 1 Richterassistent (Schreiber)
- 2 Zeitnehmer (neu) (Zeitkontrolleure)
- 2 Geländekommissare (Überwachung der Hindernisse, z. B. abgeworfene Stangen etc.)
- (Wenigstens) 2 Sekretäre (Büro, evtl. noch zusätzlich 1 Fichenträger = Richter /-Assistent → Büro)
- 1 Kommissar für die Konkurrenten (Kontrolle für reibungslosen Ablauf der Teilnehmer)
  - 6 Parcoursbauer (Personen für das Aufstellen und Umbauen des Parcours)

Anerkannte Prüfungsklassen

(Diese Wettbewerbe stehen allen Hunden aller Rassen offen, die mehr als 15 Monate alt sind, in einem durch die FCI anerkannten »Zuchtbuch« eingetragen und mit einem durch ihre Landesorganisation ausgehändigten Leistungsheft versehen sind. [Im Anhang können die Landesverbände jedoch andere Regelungen treffen, die aber nur nationale Gültigkeit haben.])

Die anerkannten Prüfungen des FCI umfassen:
a) Die Agility-Klasse 1. Grades, bleibt den Hunden vorbehalten, die ihr Agility-Diplom noch nicht erhalten haben.
b) Die Agility-Klasse 2. Grades, bleibt den Hunden offen, die ihr Agility-Diplom schon erhalten haben.
c) Die Klassen »Mini Agility« 1. und 2. Grades, bleibt kleinen Hunden vorbehalten mit weniger als 40 cm Widerristhöhe. Die Zulassungsbedingungen sind gleich wie jene von a) und b).

Der Agility-Gedanke

Agility ist als Hundesport erdacht worden, der Mensch und Hund Gelegenheit zu gemeinsamer, fröhlicher Betätigung bieten soll. Spiel, Spaß und Freude sind das Wesentlichste dabei. So haben wir es bei unseren Lehrmeistern Peter Lewis, John Gilbert, Wilfried Claes, Jean-Paul Petitdidier und Jean-Pierre Garçia gelernt. Der Agility liegt aber auch der Gedanke der Fairneß zugrunde. Gemeint ist damit ein faires Verhalten des Sporttreibenden gegenüber seinem Hund wie gegenüber allen jenen Menschen, die ihm die Ausübung dieses Sportes ermöglichen, oder die daran an seiner Seite beteiligt sind.

Leider ist diese Einstellung nicht überall vorhanden. Schon ist bekannt geworden, daß Hunde analog dem Pferdesport »gebarrt« wurden. Das heißt, man hat sie in tierquälerischer Weise von unten her in die Beine oder den Leib gezwickt oder geschlagen, um sie zum höheren Springen zu veranlassen. Auch sind Hunde während Stunden über allzu hohe Hindernisse gehetzt worden, bis sie völlig überanstrengt waren. Das ist ebenfalls Tierquälerei, die hier und da zu tierärztlich attestierten körperlichen Schäden geführt hat.

Solche Praktiken sind verantwortungslos. Wer sie ausübt, muß als psychisch gestört bezeichnet werden. Schließlich handelt es sich beim Hund um ein Lebewesen, das dank seinem ausgeprägten sozialen Verhalten, seiner Anschmiegsamkeit und seiner Sensibilität seit Jahrtausenden Begleiter und Helfer des Menschen war und es heute noch ist. Wie viele andere Tiere ist er den Mißhandlungen durch eben diese Menschen wehrlos ausgesetzt. Es geht nicht an, daß er nun auch bei der hundesportlichen Betätigung aus falschem Ehrgeiz drangsaliert und gequält wird. Sind wir Zeugen von solchen Vorfällen, dürfen wir nicht zögern, mit aller Entschlossenheit dagegen einzuschreiten.

Bei der sportlichen Auseinandersetzung mit dem Tier können wir alle lernen und uns innerlich festigen. Denn sie erfordert Geduld, Ausdauer, Verständnis und echte Zuneigung zur Kreatur. In diesem Sinne ist Agility in hohem Maße dazu geeignet, unsere Persönlichkeit zu schulen und zu bilden. Wir üben uns dabei in Selbstbeherrschung und im tieferen Verstehen unseres Partners, dem Hund. Wir lernen, ihn zu einer bestimmten Leistung zu motivieren, ohne ihn dabei psychisch oder physisch zu überfordern. Dieses Wissen und Können macht den verantwortungsbewußten Hundeführer aus. Als Trainer kann man nicht genug darauf hinweisen. Leute, die keinen Respekt vor abhängigen Lebewesen haben, und die diese zur Darstellung ihres persönlichen Prestiges mißbrauchen, gehören nicht auf den Agility-Platz. Wer diesen Sport betreibt, soll sich in jeder Beziehung dem Anstand gegenüber Mensch und Tier verpflichtet fühlen. Das müssen wir mit aller Konsequenz verlangen, soll Agility nicht in Verruf geraten.

Wir alle haben es erlebt, und vielen anderen wird es in gleicher Weise bewußt werden, wie faszinierend Agility sein kann. Dennoch sollte man diesen Sport nicht zum alleinseeligmachenden Lebensinhalt werden lassen. Wer das tut, gerät in Gefahr, zum belächelten Außenseiter zu werden, von dem nichts weiter zu erwarten ist.

Ziel des aufgeschlossenen Agility-Sportlers ist es, sich und seinem Hund Freude zu machen, sich mit ihm besser verständigen zu können und die Anforderungen dabei in vernünftigen Grenzen zu halten. Ob er bei Wettbewerben in der Rangfolge zuoberst steht, ist ihm bei allem gesundem Ehrgeiz nicht das Wichtigste. Und so ist er auch in der Lage, sich am Sieg eines anderen zu freuen.

Unser Haushund ist eines der spielfreudigsten Lebewesen. Gelingt es uns, diese Veranlagung zum Spiel im Zusammenwirken mit dem Partner Hund bei Agility zu fördern, werden wir in jedem Fall erfolgreich sein. Denn damit erfährt unser Leben eine sinnvolle Bereicherung.

Schlußwort

Peter Meanwell, der Erfinder von Agility, schreibt im Vorwort zum 1. Buch über Agility von Peter Lewis: Agility ist zum Vergnügen von Mensch und Hund erfunden worden – und es ist sein Wunsch, daß man den Agility-Sport in diesem Sinn pflegen solle.

Quellennachweis:

1. Urs Ochsenbein:
»Das ABC für Hundebesitzer und solche die es werden wollen«
ISBN 3–275–00951–6
und
»Der neue Weg der Hundeausbildung«
ISBN 3–275–00697–5
Müller Rüschlikon Verlags AG
Gewerbestr. 10
CH-6330 Cham
Postfach 4561 /6304 Zug

Die Autorin

Astrid Steiner wuchs in Basel auf. Sie lebt heute im Kanton Graubünden, wo sie gemeinsam mit ihrem Mann das Schulungszentrum für Agility in Salouf betreibt. Seit 1989 finden dort Ausbildungswochen statt, die von PEDIGREE PAL und dem Schweizer Hunde-Magazin unterstützt werden, wo sie seit Jahren als Redaktionsmitglied tätig ist.

Den Hundesport wählte sie zu ihrer Freizeitbeschäftigung, als ihre Kinder erwachsen waren. Ihre Belgischen Schäferhunde (Tervueren) hat sie in verschiedenen Sparten des Hundesports ausgebildet. Mehrere Jahre war sie Mitglied des Zentralvorstandes des Klubs für Belgische Schäferhunde in der Schweiz. Auch journalistisch begann sich Astrid Steiner mit dem Fach Kynologie zu beschäftigen. Dies führte sie bald zur Agility, der sie sich nun auch organisatorisch annahm.

Die erste Agilityprüfung in der Schweiz veranstaltete sie im Einvernehmen mit der Schweizerischen Kynologischen Gesellschaft SKG am 13. Mai 1990 in Basel.

Astrid Steiner hat sich bei den Agility-Experten in England, Frankreich und Belgien ausbilden lassen. Ihr Mann Ruedy bestand 1990 die Richterprüfung beim Präsidenten der Agility-Kommission der FCI, Jean-Paul Petitdidier, in Paris.

Der Herausgeber

Urs Ochsenbein arbeitet als Journalist, Publizist und Fotograf in Zürich. Seit 1965 befaßt er sich praktisch und theoretisch mit der Beziehung des Menschen zum Haushund. Über den Hundesport hinausgehend wandte er sich dem Rettungshundewesen zu. Er war Initiant und Mitbegründer des Schweizerischen Vereins für Katastrophenhunde SVKA, dessen Ausbildung er während 15 Jahren leitete. Bei einigen Erdbebenkatastrophen wirkte er im Einsatzstab, so 1980 in El Asnam (Algerien) und 1986 in San Salvador.

Heute ist er als Experte und Referent im In- und Ausland tätig. Das Zürcher Hunde-Zentrum ZHZ wird von ihm geführt. Mehrere Bücher sind von ihm erschienen.